De l'usage des herbes, poudres et encens en magie

Maquette : Marine Brossard

ISBN : 978-2-7339-1481-6

Groupe Piktos
355 rue de la Montagne noire, 31750 Escalquens
www.grancher.com
grancher@piktos.fr

Mikhaël d'Estissac

De l'usage des herbes, poudres et encens en magie

GRANCHER
ÉDITIONS

À Jacqueline, ma sœur, en souvenir des roses d'autrefois…

Introduction

Le pouvoir des plantes

« D'où vient cette exquise senteur ?
Pour l'amour d'elle, je voudrais mourir »

Le Décameron

Boccace parlait ainsi du basilic, une herbe mystérieuse à l'odeur suave qui, aujourd'hui encore, est sacrée pour les hindous et les musulmans.

Au Moyen Âge, on comptait le basilic parmi les « simples » magiques. Si l'on recueillait de la rosée dans une petite fiole, à l'aube de la Saint-Jean, le 24 juin, et que l'on y plongeait l'herbe de basilic, il était quasi certain que cette préparation aromatique éloignerait les mauvaises influences de la maison où elle serait posée. Les autres propriétés du basilic comprennent la faculté d'attirer la sympathie envers celui qui le porte, de faciliter le travail intellectuel et de chasser nervosité et inquiétude.

De nombreux récits ont, au fil des âges, exalté le pouvoir des résines et des plantes. La réalité et le symbolisme ont formé la trame d'une longue histoire : celle de l'action du monde végétal sur la vie des êtres humains, qui constitue une magie bien à part dont nous allons montrer les bienfaits.

Cette magie est mentionnée pour la première fois dans une inscription égyptienne de la Onzième Dynastie (vers 2300 av. J.-C.), alors que le roi Salomon envoya une expédition à travers le désert jusqu'à la mer Rouge et au pays de Punt (aujourd'hui l'Éthiopie) pour chercher des aromates. C'est d'ailleurs là-bas que l'on trouve l'encens pur ou oliban, une gomme extraite d'un arbrisseau local appelé *Boswallia carteri*.

L'usage des herbes et des aromates se répandit rapidement dans tout le Bassin méditerranéen. Bientôt, l'expérience et le savoir permirent la composition de formules complexes à base de résines et de pâtes parfumées, qui servaient à enduire les corps ou à honorer les dieux.

Si l'on ajoutait le pouvoir des nombres à l'action des plantes, l'effet était amplifié. En effet, le nombre étant une vibration, sa réaction sur le corps pouvait se cumuler avec l'action vibratoire des plantes et donner des résultats très probants.

Toujours dans l'Ancienne Égypte, Râ était adoré au lever du soleil avec la fumée ardente de l'oliban ; à midi, on employait la myrrhe et au coucher du soleil le kyphi, un encens où se mêlaient exactement seize ingrédients (pendant sa préparation, on lisait des textes sacrés adéquats). Plutarque affirmait que le kyphi, en plus des vertus mystiques dues à la combinaison de quatre fois quatre (les seize ingrédients), provoquait, par son odeur suave, un effet physiologique certain sur le corps (*De Iside et Osiride*, C 52).

Presque tous les cultes religieux ont utilisé les plantes dans leurs rites, aussi loin que l'on puisse remonter dans le temps. Yahvé lui-même, dans le Code Sacerdotal des Israélites (Exode, XXV), en prescrit l'emploi en ces termes : « Tu feras un autel où faire fumer l'encens… Aaron y fera fumer l'encens fin et aromatique chaque matin […] cette offrande d'encens, vous la perpétuerez de génération en génération » (Exode, XXX, 1, 7, 8). Il donna même à Moïse la composition nécessaire : « Procure-toi du storax, de l'onyx, du galbanum, des aromates et du pur encens en quantités égales. Mélange-les pour composer un parfum à brûler… » (Exode, XXX, 34).

Depuis près de 2 900 années, époque où ce mélange a été codifié, bien des mixtures, appelées à tort « encens » et d'où la finalité spirituelle était absente, ont été élaborées. On pourrait écrire des volumes entiers sur le sujet…

Ce qu'il faut retenir et ce que nous pouvons affirmer, à partir de l'étude des textes et la connaissance des pratiques, c'est que le règne végétal, par ses caractéristiques (en l'occurrence, l'odeur), a sur notre environnement et notre personne d'immenses pouvoirs, mis en œuvre par les lois des correspondances et analogies sur lesquelles se fondent toutes les sciences, dont la magie.

Le règne végétal

Les pratiques sacrées, c'est-à-dire les rites de maîtrise des forces de la nature ou d'offrande à Dieu, excluent dans certains cas le règne animal. Le règne minéral y a sa place puisque l'on sait que pierres et métaux précieux constituent des instruments voués à la magie et ornent les vêtements rituels à des fins magiques.

Le fait que le règne animal soit partiellement exclu des pratiques sacrées s'explique par sa position sur l'échelle des règnes de la nature, car il est le support des forces qui devront par la suite être totalement transmutées par le règne humain. Ce règne humain, qui bénéficie du Feu mental, a pour mission d'opérer ce changement afin que s'élabore le cinquième règne, le règne divin.

C'est pourquoi, au cours des siècles, les animaux ou leurs représentations figuraient parmi les rites maléficiants : les sorciers ou les magiciens « noirs » utilisaient les forces non évoluées du règne animal pour semer des maléfices tels que la maladie et la mort.

Les archives judiciaires du Moyen Âge et de la Renaissance nous apprennent que les sorciers, s'ils utilisaient les animaux pour les motifs que nous venons de voir, y adjoignaient certaines espèces du règne végétal. Par exemple, la plupart des plantes de la famille des solanées (jusquiame, datura stramonium, aconit, morelle, belladone, opium...) entraient dans la composition de leurs onguents et s'intégraient à leurs pratiques. On sait que les solanées ont des effets narcotiques, et on saisit la raison de leur utilisation. La perte de conscience, et donc du contrôle des instincts, permettait le déchaînement de certaines forces primitives enfouies dans l'être humain, amplifiées par les entités démoniaques au cours des cérémonies de groupes, afin d'entraver l'évolution humaine.

On appelait ces plantes « herbes du Diable » par opposition, selon la terminologie de l'époque, aux « herbes bénéfiques » ou « herbes virginales » qui avaient des vertus bienfaisantes, sans aucun effet narcotique.

Néanmoins, même parmi ces herbes virginales, les sorciers cherchaient celles qui accéléraient la pression sanguine et intensifiaient l'élément Feu dans le corps humain. Ils en attendaient une considérable exaltation des sens telle qu'une folle orgie pût seule la calmer.

Il faut bien remarquer que, plantes bénéfiques ou « herbes du Diable », chacune ne devenait maléfique que par l'abus qu'en faisaient les sorciers, pervertissant ainsi leurs propriétés originelles. Les solanées, par exemple, ces « herbes maudites », ont de remarquables propriétés anesthésiques que la médecine médiévale avait su détecter et que nos laborantins ne négligent pas aujourd'hui. Occulter la douleur physique pour opérer ou amputer une jambe n'avait en soi rien de maléfique…

Toutes les plantes sont, en effet, « par destinations et vocations », bénéfiques. Cependant, ce principe est à nuancer en fonction de la quantité des mélanges et des dosages, ainsi que de l'intention de l'opérateur au moment de ses préparations. En effet, l'intention est un facteur déterminant dans toute opération de magie pure. Malgré tout, la médecine moderne a su faire un usage tout à fait judicieux des substances végétales qu'elle utilise…

L'odeur du végétal

L'odeur de la plante, après combustion, induira toujours des fins magiques, qu'elles soient bonnes ou mauvaises. Elle est souvent citée comme essentielle dans les textes.

Proclus, philosophe néoplatonicien du Ve siècle après J.-C., rapporte dans son *De Sacrificiis et Magia* que les prêtres, mêlant diverses odeurs selon l'art divin qui leur était propre, créaient un parfum unique aux nombreuses vertus. Mais celles-ci disparaissaient si chaque composante était utilisée séparément.

Cela ne signifie pas pour autant que seul le parfum intéresse la science des mages. Bien au contraire. Celle-ci est trop avertie pour ignorer que la seule présence d'un végétal, dans un lieu quelconque ou auprès d'un être humain, sans qu'il soit nécessaire d'en extraire l'odeur, influence l'environnement et génère des transformations éthériques, même si elles sont invisibles, qui se concrétisent ensuite, d'une façon ou d'une autre, dans le monde physique.

Cependant, l'odeur, l'émanation amplifiée, « exaltée » de la plante, agit plus rapidement et avec une efficacité accrue. Stimulé par les deux grands éléments universels que sont le Feu et l'Eau, le végétal livre ses vertus, de façon douce avec l'Eau, violente avec le Feu.

L'imagerie traditionnelle, on le sait, propose deux figures naïves :

- les bains aux « simples », ceux-ci devant macérer pendant quarante jours et quarante nuits dans des jarres emplies d'eau et d'huile, mais qu'étaient le nom et l'origine de ces « simples » ?

- les grésillements de résines poisseuses et ambrées sur des braises. Les fumées odorantes au parfum fort constituaient des montants d'autels dédiés à Dieu (ou aux dieux, selon le point de vue cosmogonique choisi). Ils servaient soit à l'aube, soit au crépuscule, pour demander ou pour adorer.

Ses immenses pouvoirs fondés sur la loi des correspondances

Il est important de savoir comment agit la plante « techniquement », si l'on peut dire, c'est-à-dire comment s'exprime son pouvoir. La loi des correspondances fournit la réponse mais, pour bien la comprendre, il faut au préalable faire appel à d'autres notions : la « vibration » et la « fréquence ».

Ces notions nous semblent aujourd'hui bien connues du public. Cependant, comme elles sont indispensables à toute vraie compréhension des phénomènes universels, il faut que nous les évoquions brièvement dans ce volume.

La vibration : des électrons de charge négative, groupés autour d'un noyau de charge positive, forment la matière. Ces électrons gravitent autour du noyau, ils sont en perpétuel mouvement bien qu'à cause de l'insuffisance de notre perception, la matière paraisse toujours solide et statique. Ce mouvement continuel, cette « valse » des électrons est appelée vibration et la matière résultant d'un certain « rassemblement » atomique peut être aussi bien un morceau de viande qu'une couleur ou qu'un parfum.

La fréquence : c'est la rapidité ou la lenteur de cette danse, le rythme en quelque sorte. Comme une mesure, elle scande le mouvement. Plus cette mesure est rapide, plus la matière se désagrège sous notre regard, moins elle est dense et visible. Plus le mouvement est lent, plus la matière semble palpable, visible, audible et odoriférante.

Le mystère des différentes formes ou choses qui existent dans l'univers tient en une seule explication : la différence de leurs fréquences vibratoires respectives. La seule façon de changer l'eau en vin et le vin en eau consiste à savoir jouer sur les fréquences cosmiques. Toucher à ce mécanisme implique la maîtrise d'immenses facultés spirituelles, mentales et psychiques. Le Christ en est l'exemple le plus connu.

Dans l'univers, toutes les choses, qu'elles soient matérielles ou immatérielles (conglomérat, en fait, de vibrations à fréquences diverses), entretiennent entre elles des liens précis. Chaque mode de manifestation est lié aux autres. Ainsi, chaque forme est en relation avec une couleur, un son, une odeur et un nombre.

Alors que le nombre ressort de l'esprit divin, les couleurs, les sons, les odeurs sont la manifestation, c'est-à-dire ce qui existe pour nous. Ils sont l'expression des quatre éléments dans le monde terrestre.

En occultisme, ces relations sont appelées « correspondances ». Les connaître est la base de toute pratique magique.

Appliquer la loi des correspondances est une des façons d'attirer une force particulière que l'on peut faire agir dans un sens donné. L'effort essentiel, en magie (à part la nécessité d'une purification quotidienne), consiste à élaborer un circuit cohérent qu'empruntera la force en question. Créer correctement ce circuit suppose une bonne connaissance des « correspondances ».

Ainsi, le mage utilise, pour appeler telle ou telle force, le nombre qui régit le plan où celle-ci est dominante, la couleur et certains sons (vocables) adéquats, ainsi qu'un support matériel tangible (végétal, pierre, métal, etc.) dont l'odeur n'est qu'une composante. Le nombre, la couleur, le son, l'odeur doivent correspondre entre eux, pour jouer en quelque sorte le rôle d'un petit canal, chacun s'emboîtant dans l'autre, et l'ensemble permettant la transmission de la force.

L'odeur ou, plus précisément, l'émanation d'une plante, ne représente donc qu'une partie de son « ensemble ». L'efficacité d'une opération magique dépend de l'utilisation du plus grand nombre de ses parties.

Le pouvoir du règne végétal, en magie, ne peut être pleinement exprimé que s'il se combine avec d'autres facteurs.

À cette fin, nous proposons des rituels suffisamment complets : non seulement la senteur particulière d'une herbe ou d'une fleur sera exaltée par le Feu, mais celui-ci sera présent sur une ou plusieurs bougies et l'Eau ne fera pas défaut.

Nous nous sommes inspirés du livre *La Lumière sur le royaume* d'Alexandre Moryason pour rédiger notre ouvrage et nous remercions cet auteur pour son précieux enseignement.

Nous n'utilisons les plantes que dans des buts bénéfiques. Notre nature, notre éthique personnelle nous y portent et notre connaissance des Lois Universelles nous y oblige. Rien, en effet, n'échappe à la Grande Loi et tout acte destructeur ne provoque que la ruine de l'opérateur. Si certains se croient assez habiles pour fuir le choc en retour, ils ignorent que le bouclier qu'ils pensent avoir dressé peut retarder cette conséquence, non pas l'éviter.

Par ailleurs, la religion de notre lecteur, qu'elle soit le bouddhisme, le christianisme, l'islam ou le judaïsme, ne représente en aucune façon une entrave à l'application des procédés magiques et des rituels diffusés par ce livre.

Chacun se sentira immédiatement rassuré dès lors qu'il gardera présent à l'esprit, et surtout dans le cœur, qu'à chaque opération dite « magique » (qui n'est en réalité que la mise en œuvre des Lois Universelles), le seul pouvoir qui agit est celui de Dieu, du Dieu unique, quel que soit le nom qu'on lui donne.

Première partie

Présentation des plantes et conseils pratiques

Chapitre I

Les plantes : réceptacles des forces cosmiques

Proposer une classification des plantes est presque impossible, car nous devons tenir compte de plusieurs facteurs d'ordre cosmique.

Traditionnellement, on associe à chaque espèce une planète et un des quatre éléments universels : Feu, Air, Eau, Terre. À ce jour, les associations ont généralement été faites plus en regard de l'astrologie que d'une science plus vaste.

Cette science plus étendue ne considérait pas uniquement la position des corps célestes dans le ciel et leurs effets sur le déroulement des affaires humaines, elle englobait l'organisation des forces cosmiques et leur jeu réciproque dans un espace que, pour la commodité de l'étude, nous limiterons à notre système solaire.

Les grandes traditions possèdent une terminologie et une appréhension des phénomènes universels qui leur sont propres. En toute exactitude, nous aurions pu choisir l'explication et l'expression extrême-orientale proposées par le Tao (Yi-King). Mais nous avons préféré la tradition occidentale, fondée entre autres sur la Kabbale. Celle-ci nous offre une opportunité de compréhension de l'univers par le biais d'un schéma représentant l'organisation des phénomènes cosmiques que l'on appelle « Arbre de Vie ou arborescence kabbalistique ».

Celui-ci montre comment les forces cosmiques s'agencent, quels faits génère cette structure et comment, connaissant celles-ci, en provoquer d'autres. Ici réside le propos de toute science et donc de la magie.

L'Arbre de Vie, reproduit ci-contre, identifie les dix grands centres cosmiques d'énergie et leurs « canaux de circulation ». Ces dix centres sont appelés en hébreu *Séphiroth* (sphères énergétiques) et les canaux *Cinéroth* (canaux de circulation énergétique).

À partir du troisième centre (ce dernier inclus), l'énergie divine se manifeste également par une des planètes traditionnelles (Mercure, Terre, Mars, Vénus, Jupiter, Saturne) ou encore un corps céleste (Soleil, Lune), ceux-ci gouvernant chacun plusieurs domaines d'activités humaines. On peut dire, dans une approche classique un peu primaire, que Vénus régit les amours, les arts, la sensualité et Mars la guerre, la lutte, le courage, etc.

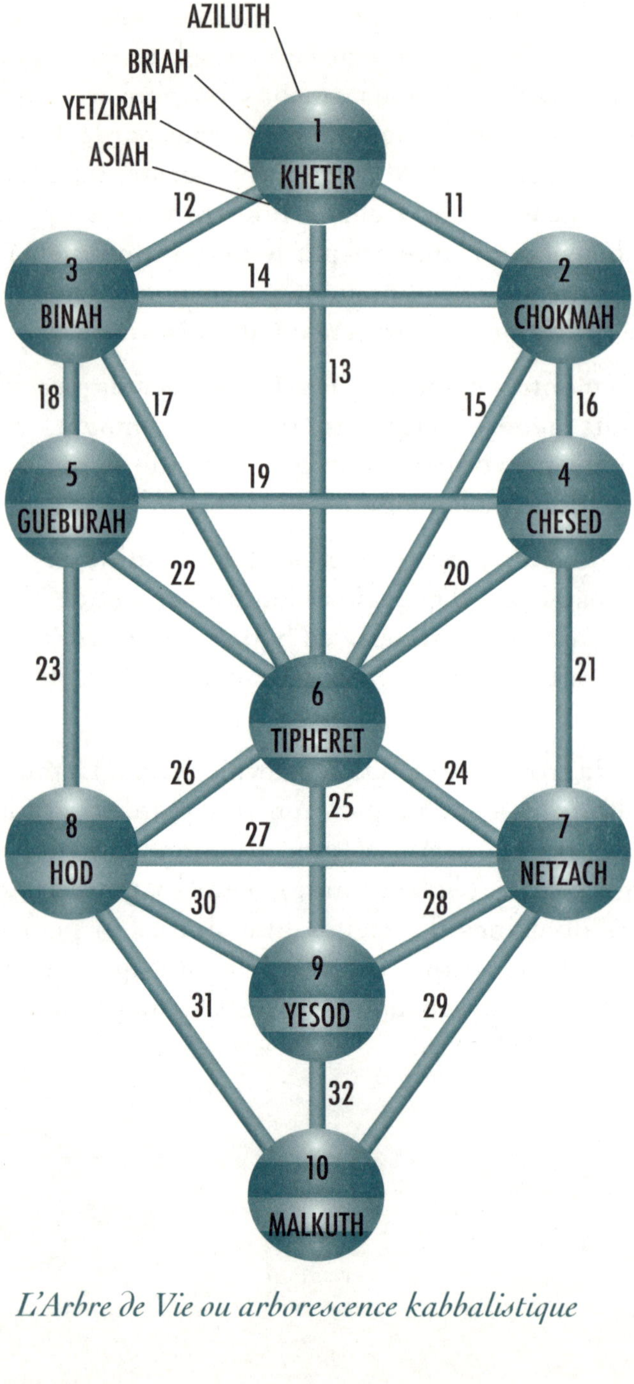

L'Arbre de Vie ou arborescence kabbalistique

Le centre Malkuth-Terre est le réceptacle des énergies des autres centres et toutes les forces se meuvent en lui. Sept centres sont considérés ici.

Chaque élément a des pouvoirs en propre. Ainsi :

- **le Feu** domine l'action, la volonté, la force ;
- **l'Air** apporte l'inspiration, le mouvement, l'adaptabilité, la liberté, l'aisance mentale ;
- **l'Eau** attire la joie, la santé, la sentimentalité, l'émotion ;
- **la Terre** offre la stabilité, la fertilité, la condensation de toute chose…

La combinaison des éléments entre eux (selon différents dosages et degrés de pureté) est à l'origine de la diversité des situations et des événements.

Ainsi :

- **l'Eau,** à laquelle s'ajouteront l'Air et un Feu violent, se traduira en passion amoureuse (par exemple) ;
- **la Terre,** peu riche en Eau et brûlée par un Feu intense, apportera le dénuement financier, une vie sentimentale misérable, etc.

Ce rappel à l'ésotérisme kabbalistique ne se veut ni didactique, ni exhaustif. Nous devons néanmoins déterminer les forces (sphère cosmique et éléments) œuvrant dans chaque plante pour mieux saisir son type d'action sur le monde matériel, en d'autres termes la nature de son pouvoir. Or, la Kabbale nous éclaire à ce sujet.

Voici brièvement quelques précisions :

1. À chaque plante est généralement attribuée une planète. Plus exactement, chaque plante reçoit une énergie fondamentale – la note dominante – d'un des sept centres cosmiques (la planète ne joue qu'un rôle minime au regard des autres plans composant chaque sphère ou centre).

2. La circulation des forces s'écoulant par les « sentiers » ou canaux affine la spécificité de la plante (les plantes, même si elles ont la même note fondamentale, auront des spécificités différentes, quoique cohérentes entre elles).

3. Parmi les quatre éléments universels, celui qui domine est déterminé par la sphère ou centre fournissant l'énergie première (encore appelée note fondamentale). Les trois autres éléments ne sont cependant pas exclus et participent à cette action. Chaque plante est donc quadripolaire : elle réunit les quatre éléments, mais un ou deux d'entre eux, selon sa position, jouent un rôle plus important.

Ayant étudié l'action des végétaux sur la vie humaine (par la médecine pour la santé, par la magie pour les événements), on peut affirmer que :

- l'action simultanée de plusieurs plantes dépend du groupe auquel chacune appartient ;

- la portée de cette action (ou de ce type de magie) est conditionnée par la nature vibratoire du Grand Plan Cosmique transmise par la ou les plantes.

Groupes de plantes et actions réciproques

Les plantes gouvernées par l'Eau se combinent avec celles qui canalisent l'Air, la Terre et surtout l'Eau, mais pas avec celles qui sont ignées.

Ces dernières seront actives avec d'autres plantes ignées ou aériennes.

En conséquence, si l'on veut trouver une solution à un problème, on procédera de façon différente selon la conclusion exacte que l'on souhaite.

Par exemple, imaginons que l'on veuille guérir d'une passion amoureuse destructrice. Il faut opérer comme suit :

Soit on souhaite garder cette passion, mais en apaisant le Feu et en magnifiant la nature des sentiments. On mélangera alors :

- quelques plantes du groupe vénusien au Feu « élevé », dont le flux énergétique dirige vers la sphère de Tipheret-Soleil : bouleau, cannelle, gentiane…
- quelques plantes solaires où domine l'aspect Feu : angélique, gardénia, oranger, marguerite…
- de l'encens pur ou de l'encens des trois mages.

Soit on décidera d'éradiquer cette vague amoureuse néfaste, sans qu'il en subsiste quoi que ce soit. On choisira alors :

- quelques plantes mercuriennes (dominante Eau) dont le flux se dirige vers Tipheret-Soleil : tulipe, origan… Elles attireront la lumière et attiseront la lucidité ;

- quelques plantes solaires dont le cours emprunte le même sentier, mais descendant : acacia, ananas… Elles dissiperont les nuages du mental et permettront une vision claire de la situation ;

- quelques plantes mercuriennes dont l'énergie s'écoule vers la sphère de la Lune-Yésod : ache, nénuphar, amande… Elles s'attaqueront au plan émotif et diminueront la souffrance ;

- de l'encens pontifical ou du benjoin.

Soit il s'agit d'un véritable envoûtement. On peut alors utiliser les plantes mercuriennes précédentes en ajoutant un flux saturnien très purificateur : origan, cyprès, céleri…

Autre exemple. Imaginons qu'on veuille attirer l'argent. Avant d'opérer de façon magique, on déterminera par quel circuit cet argent pourrait concrètement venir.

Exerce-t-on une activité commerciale ? (Ici encore, une subdivision s'impose : s'agit-il d'un représentant ? De ventes dans un magasin ? Est-on journaliste, écrivain ?)

La sphère de Hod-Mercure est concernée (mouvement, inspiration, argent en tant que valeur purement virtuelle, c'est l'argent d'aujourd'hui qui est matérialisé par des transcriptions de chiffres sur un compte, les espèces n'ayant pas de valeur « naturelle » comme l'or, les pierres précieuses, la nourriture), ainsi que la sphère solaire :

- amande, fenouil, muguet…
- fougère, gui, ginkgo, thym…
- encens pontifical et manne.

S'agit-il d'une boutique ou de signatures de contrats et de spéculations bancaires ? D'une carrière que l'on souhaite revaloriser ?

Chesed-Jupiter entre alors en activité et la sphère solaire continue d'apporter son soutien inégalable :

- patience, salsepareille, chiendent, érable…
- fougère, thym, gui…
- encens pontifical et manne.

S'agit-il plutôt d'une activité artistique (musique, théâtre, peinture, etc.) ? Vénus et son Feu joueront un rôle important ainsi que la sphère solaire :

- rose pâle, cannelle, maté, violette…
- thym, gui, fougère, ginkgo…
- encens pontifical (pas de manne ; celle-ci met en action des entités élémentales de Terre ne s'harmonisant pas avec l'Eau).

Est-ce plutôt d'une activité salariée dont il est question ?

Il faudra alors attirer l'argent par des dons et des cadeaux divers et surtout capter des idées susceptibles d'aboutir à des activités génératrices de revenus. Mercure sera efficace ainsi que la Lune Yésod :

- menthe, basilic, carvi (action mentale) ;
- camélia (dons luxueux…) ;
- encens pontifical, benjoin, manne.

Du point de vue kabbalistique, cette description est très imparfaite. Si on l'avait voulue plus complète, il aurait fallu nous attarder sur la nature de chaque sentier kabbalistique et préciser comment les éléments y agissent.

De plus, lorsque nous écrivons que le flux énergétique « monte » ou « descend », l'expression est imagée mais la réalité plus complexe. Les forces et les plans s'interpénètrent, alors que nous raisonnons sur un schéma « à plat » qui nous donne l'impression que telle sphère est éloignée de nous.

Par exemple, Saturne, la planète, tourne bien sûr à des millions de kilomètres de nous alors que la sphère proprement dite, Binah, EST EN NOUS… Il en est ainsi de toutes les sphères…

Notre propos tend à éclairer rapidement et de façon simple la modalité d'action du règne végétal.

La portée de l'acte magique est conditionnée par le Grand Plan Cosmique mis en activité

Chaque groupe de plantes a sa place dans un Grand Plan Cosmique ou réseau de forces, qui détermine l'intensité du pouvoir en action. Ces plans peuvent être limités à trois. Ainsi, il existe trois grandes catégories de plantes contenant, chacune, les groupes que nous venons de considérer eu égard à leur nature élémentale.

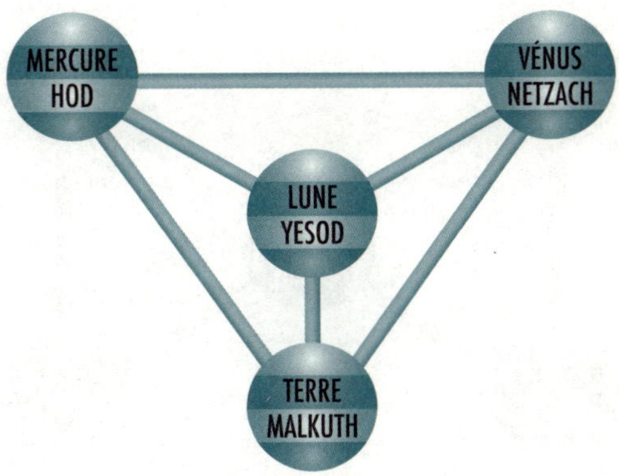

Première catégorie

Tout se répercute et vibre sur Malkuth-Terre. Dans ce groupe, le jeu des forces tend à la densité et à la multiplicité des formes. Cela signifie que les effets des plantes s'exerceront sur la vie personnelle de l'officiant :

- ses sentiments, avec les passions attendues et les mirages des émotions, les désirs sensuels, la créativité et son expression individuelle (Netzach-Vénus) ;

- son intellect, ses capacités d'adaptation, son degré d'indépendance par rapport aux conditions matérielles, son esprit critique et la qualité de son mental (Hod-Mercure) ;

- son foyer, l'épreuve, la mère et les enfants, les forces de son subconscient et son monde onirique (Yésod-Lune).

Avec les plantes de cette catégorie, on peut donc entreprendre une action destinée à satisfaire des souhaits, généreux ou non, mais qui restent étroitement liés à l'individu, à une vie quotidienne restreinte.

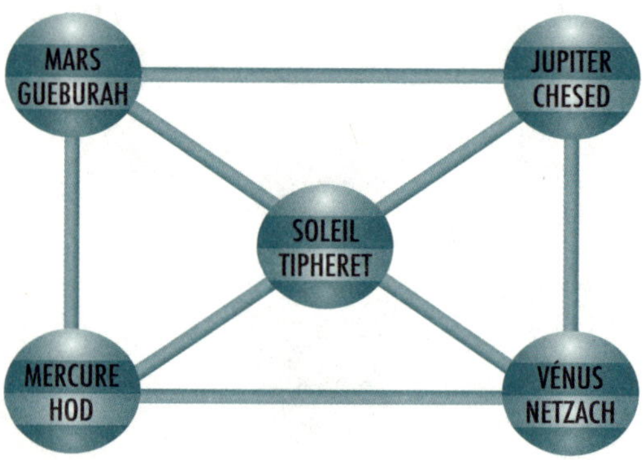

Deuxième catégorie

Les vibrations s'élèvent ; elles sont dirigées par le sixième grand centre cosmique, Tipheret, le plan christique par excellence, où l'individualité humaine se transforme en une impersonnalité pleine d'altruisme, de sagesse et de grandeur.

La portée de l'action magique est donc plus importante, même si l'individu est concerné. Par exemple, une demande d'emploi. Quoi de plus prosaïque ?

Mais si cette demande d'emploi est appuyée sur Chesed-Jupiter – et les plantes correspondantes –, les résultats dépasseront son attente, lui apportant une ouverture et une obligation de changement, aussi bien intérieur qu'extérieur, qu'il n'avait ni souhaité ni prévu.

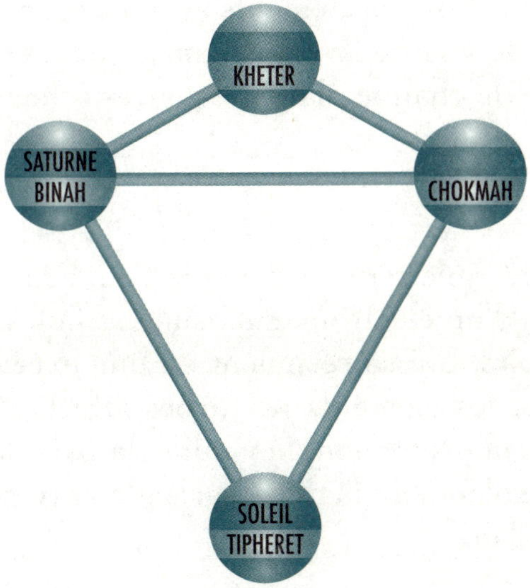

Troisième catégorie

Toute Magie basée sur Tipheret-Soleil débouchera sur l'exaltation, la purification et une certaine sainteté.

On touche ici aux causes premières, aux forces présidant à la destinée (le karma), canalisées par la sphère de Binah-Saturne. En fait, le 32e sentier, gouverné par Saturne, sera sollicité par son « reflet » car aucune plante ni aucun métal ne peuvent véritablement conduire l'énergie de ce centre cosmique et encore moins celle de Kether et de Chokmah.

Notre présentation des herbes magiques définira pour chacune d'elles l'élément dominant et la sphère d'énergie cosmique, principale émettrice d'énergie, ainsi que le corps céleste de manifestation (planète, Lune, Soleil).

Nous avons évité autant que possible les références kabbalistiques pouvant ennuyer le lecteur, en lui précisant le sentier en action et le jeu subtil des éléments le concernant. Il n'empêche que, du point de vue de la science magique, notre description de la structure de chaque plante reste très schématique.

Un exemple :

Les plantes dites solaires canalisent le Feu, l'Air et l'Eau ; elles sont porteuses d'un électromagnétisme parfait. De là viennent tous les pouvoirs, qui se résument en une excellente capacité à réharmoniser les éléments perturbés affectant le plus l'être humain. Ainsi, la protection, la vitalité, la paix, la purification, la guérison, la splendeur, la richesse, la gloire ressortissent-elles de la sphère solaire.

Il est difficile de limiter l'action de cette catégorie de plantes à un sentier particulier car l'expérience prouve qu'elles dirigent leur flux dans chacun des sentiers partant de Tipheret/Soleil avec plus ou moins d'intensité ; nous avons donc retenu cette variation comme critère pour les attributions qui figurent au tableau, à la fin de cette première partie (voir p. 141).

Donc, toutes les plantes solaires possèdent, grosso modo, les qualités que nous venons d'énumérer. Si celle-ci a des qualités plus éthériques (et donc physiques), une grande vitalité et une guérison pourront être attendues de son action. Une autre agira avec plus d'efficacité sur le plan psychique : les relations sociales, la chance, les finances se verront améliorées. Telle autre touchera le sommet du psychisme et favorisera la ferveur mystique et le contact « par le cœur » de l'aspect divin de la sphère solaire. Enfin, une autre sera plus active sur le plan mental : on en attendra la lucidité, l'inspiration, voire une certaine « illumination ».

Il en est de même des plantes vénusiennes. Les unes transcendent les sentiments, favorisent la création artistique et protègent des errances amoureuses ; d'autres, dont le Feu est plus dense sur le plan vibratoire, attiseront les passions et feront naître les mirages des alternances dévastatrices, où bonheur et souffrance, attraction et rejet seront vécus avec l'intensité d'émotion que chantent si bien les romans d'amour.

D'autres, enfin, dont la force ignée envahit directement, d'une façon particulière, le plan Terre-Malkuth, enflammeront les sens, déclenchant un cycle infernal où une soif aiguë de plaisir, mêlée d'une certaine violence, sera souvent suivie de dégoût ou même de haine envers la personne qui vient de permettre une telle exaltation de la chair.

C'est seulement l'efficacité par la pratique que nous avons recherchée et c'est ce que nous avons tenté d'offrir à chaque page au lecteur.

Chapitre II

Les encens et les plantes

Nous distinguerons l'encens – ou plutôt les encens – des herbes et des poudres, bien que tous aient une origine commune : le règne végétal.

Les encens

L'encens est à l'origine la gomme résinienne produite par un arbre d'Éthiopie, l'oliban, également appelé *Boswellia Carteri*.

Ce que l'on nomme aujourd'hui « encens » est en réalité un mélange consacré par un usage magique séculaire : l'oliban auquel on ajoute de l'ambre gris, de la myrrhe, etc.

En pratique, les encens sont composés de résines végétales auxquelles on mélange des huiles également végétales (ne pas confondre avec les bâtonnets enduits de poudre de plantes séchées). On fait ensuite calciner le tout et on obtient ainsi des granules colorés qui, lorsqu'ils sont brûlés sur des charbons ardents, dégagent un parfum un peu sucré, très prenant, au point qu'il en devient presque âcre.

L'Église catholique en utilisait beaucoup avant le concile de Vatican II. Les Églises d'Orient en font toujours grand usage car leurs dignitaires savent bien quel pouvoir purificateur génère cette « fumée ». Il est bien dommage que les Églises occidentales se soient privées d'un tel outil de travail magique !

En Extrême-Orient, resté très proche des réalités occultes, l'encens est présent dans toutes les cérémonies.

Dans le monde musulman, le djaoui blanc ou gris (ce que nous appelons benjoin) remplace l'encens. Celui-ci se présente sous une forme relativement solide que l'on peut concasser. Les petits morceaux ainsi recueillis sont consumés sur des charbons ardents. Les effets du djaoui sont remarquables : une intense purification opère par sa senteur âcre et douce qui agit sur la sphère mentale.

Actuellement, plusieurs encens sont proposés à votre choix : l'encens dit « de Lourdes », de « Nazareth », de « Jérusalem », « des trois mages », « pontifical »... La composition exacte de chacun n'est pas connue car le secret des fabricants est bien gardé ! On sait cependant que l'oliban, l'ambre, la myrrhe et d'autres aromates sont quelques-uns des ingrédients mais on en ignore les proportions.

Les attributs magiques de chacun ont néanmoins été éprouvés. Tous purifient, évacuent des lieux où ils brûlent les vibrations denses de colère, de tristesse, d'érotisme pesant. Chacun pourtant a sa spécificité.

Encens d'Arabie

De la même famille que l'encens pur, il est utilisé pour les invocations effectuées à l'extérieur d'une maison, car les esprits élémentaires répondent plus vite lorsque s'élèvent ses vapeurs.

Encens de Lourdes

Il agit avec une particulière efficacité sur les vibrations féminines. De nature magnétique dès qu'un rituel est destiné à une femme ou qu'il entre en contact avec une aura féminine, il recharge la partie magnétique qui se répercute sur la partie électrique et rétablit les carences éventuelles dans l'électromagnétisme de la personne concernée. Il est donc bénéfique pour les femmes, les filles et les enfants jusqu'à l'âge de sept ans.

Conseil pratique : Utilisez cet encens le lundi. Laissez consumer une bougie bleu pâle à côté de l'encensoir. Posez près de la bougie un bol d'eau froide. Pensez très fort à tous les problèmes liés au foyer, aux enfants, aux accouchements éventuels, etc.

Encens de Bethléem

Il a les mêmes propriétés que l'encens de Lourdes.

Encens de Nazareth

De nature magnétique, il valorise la sphère jupitérienne du demandeur (Chesed en Kabbale) et se révèle efficace pour orienter un procès, entretenir de bonnes relations avec son banquier, améliorer sa position sociale, aboutir dans une recherche d'emploi.

Conseil pratique : Faites brûler cet encens de temps à autre le jeudi ainsi qu'une bougie de couleur bleu roi. Pensez à ce que doit être votre carrière, à toute promotion souhaitée, aux projets qui pourraient améliorer votre position sociale ou à vos futures acquisitions immobilières. Il renforcera votre position dans le monde et vous mettra en harmonie avec la sphère de Chesed, la prospérité miséricordieuse.

Encens des trois mages

L'élément Feu (vénusien et non martien !) domine. Il est employé pour chasser les influences maléfiques mais aussi pour résoudre les problèmes sentimentaux : rencontre, liaison, « retour d'affection », etc.

Conseil pratique : Le vendredi, faites brûler cet encens après avoir allumé une bougie rose, sans oublier le bol d'eau. Pensez à votre situation sentimentale ou à votre environnement affectif : vos amis, votre vie de couple… Ce rituel fera régner l'harmonie dans ce domaine. Une fois la flamme éteinte, remerciez et jetez l'eau.

Encens de Jérusalem

De nature plutôt saturnienne, sa fumée purifie et agit en faveur de celui qui prie, comme si la Grâce était accordée en rémission des imperfections humaines.

Conseil pratique : On peut brûler cet encens le samedi, en ajoutant une pincée de lavande séchée et en allumant une bougie mauve ou violette. Vous dégagerez ainsi votre maison et votre propre aura.

Encens pontifical

Il domine, par sa fragrance étrange, le royaume des encens.

On reconnaît la senteur de l'oliban, de l'ambre et de bien d'autres résines aromatiques. Son pouvoir purificateur et l'universalité de sa nature sont surprenants.

Conseil pratique : On peut brûler cet encens tous les jours, même le mardi, car aucun autre (à part l'oliban, encens pur) ne conforte si bien la nature de Mars.

Il dégage, purifie et transmute les vibrations ambiantes à une vitesse extraordinaire. À utiliser comme encens de base pour tous vos rituels, en ajoutant une pincée d'un autre encens aux propriétés spécifiques.

Benjoin

On l'appelait jadis « le vrai baume ». Suc d'une résine asiatique (le *Styrax Benjoin*), il se présente sous la forme de granules de tailles inégales aux contours aigus. Il contient de nombreux alcaloïdes dont l'action purificatrice est très appréciée des mages. Mercurien de nature, le benjoin favorise la prospérité dans le commerce et les activités intellectuelles.

Conseil pratique : Le mercredi, brûlez un peu de benjoin et allumez une bougie orange. Votre mental recevra l'inspiration ; la vigueur de votre intellect sera renforcée.

Vous aurez des idées relatives à votre commerce qui vous enrichiront lorsque vous les aurez concrétisées. Vos voyages seront rendus plus faciles et si, par hasard, vous n'en faites pas, la sphère mercurienne vous apportera le mouvement et beaucoup d'aisance dans votre activité professionnelle.

Le benjoin, ajouté à un peu d'encens pontifical, crée littéralement le terrain vibratoire adéquat à l'évocation magique des 72 Grandes Intelligences de Mercure, connues sous le nom des 72 Génies de la Kabbale.

Larmes

Les larmes renforcent l'action de l'encens de Lourdes et de l'encens de Nazareth.

Manne

Cette résine, produite par des arbrisseaux siciliens, met en contact avec les esprits de la Terre et favorise ainsi, de façon étonnante, les gains matériels, qu'il s'agisse d'argent, d'objets ou de biens tout à fait prosaïques.

Conseil pratique : Brûlez de la manne en même temps que toute plante (d'Eau et d'Air) propice à attirer l'argent et à favoriser la prospérité matérielle.

Myrrhe

Des arbustes produisent la myrrhe en Arabie. Autrefois, ceux-ci étaient appelés « baumiers » et le parfum de ce suc était si suave et pénétrant que les Israélites et les Grecs le préféraient à l'encens. La myrrhe est d'essence solaire ; elle aide à la concentration mentale et surtout à la méditation. Comme toutes les résines, elle purifie.

Conseil pratique : Le dimanche, brûlez de la myrrhe avec de l'encens pontifical, et allumez une bougie jaune ou or. Méditez et procédez à un rituel de vénération de Dieu. Si vous prenez l'habitude de faire ceci, vous obtiendrez la garantie d'une protection, d'une paix intérieure et d'immenses bienfaits.

Oliban ou encens pur

Nous avons déjà parlé de l'oliban, que l'on recueille en Éthiopie. D'essence solaire, ses vapeurs suaves et prenantes lui donnent parmi les résines une place privilégiée. Son action purifiante met celui qui l'emploie en contact avec des vibrations hautes. Il est excellent d'utiliser l'oliban pour des rituels d'adoration, d'évolution, etc.

Conseil pratique : L'usage est le même que pour la myrrhe. Il est très efficace pour tous les rituels.

Les plantes

Nous avons choisi les mots « herbes » et « poudres » pour le titre de notre ouvrage parce qu'au Moyen Âge, on désignait ainsi ce qui ressortait du règne végétal à usage magique. « Herbes » concernait les plantes, les racines, les fleurs et les fruits. Une fois ceux-ci séchés selon certains rites, ils étaient broyés et alors appelés « poudres ».

Abricotier

Cet arbre, originaire de Mongolie, est connu depuis Pline l'Ancien. Il a de tout temps symbolisé l'attraction sexuelle provoquée par la femme : ses rondeurs et sa couleur d'un orange rosé sont tout à fait en harmonie avec la sphère vénusienne. L'élément Feu y domine avec l'Air en deuxième position.

Conseil pratique : Les femmes qui souhaitent susciter le désir peuvent confectionner un excellent onguent d'amour en écrasant la pulpe de son fruit avec un peu d'huile d'amande douce, à quoi il faut ajouter trois gouttes d'essence de rose.

Absinthe

Très différente de la précédente, cette plante est irriguée par les vibrations de Mars et joue un rôle important dans la circulation du sang.

L'élément Feu domine. L'absinthe n'est pas à proprement parler vénéneuse, mais elle présente quand même un certain danger car ses sucs sont toxiques. D'où l'interdiction de fabriquer une liqueur appelée « La Fée Verte ». Les émanations de cette plante, lorsqu'on les respire, jouent un rôle important sur le corps éthérique des êtres humains ; elles « brûlent » en quelque sorte les opacités du corps et favorisent ainsi la réceptivité psychique.

Conseil pratique : Les personnes qui bénéficient d'un don de voyance – ou qui souhaitent le développer – tireront un bénéfice certain de l'utilisation de l'absinthe une ou deux fois par semaine. Cette plante a, en outre, un effet aphrodisiaque prouvé. Son usage en onguent est dangereux, pour les raisons que nous venons de préciser.

À brûler lors des cérémonies de désenvoûtement, en même temps que d'autres plantes ignées.

Acacia

Cette plante aux vibrations solaires protège efficacement contre les influences maléfiques. Le Feu, l'Air et l'Eau y sont actifs, comme dans toutes les plantes solaires.

En Égypte, on brûlait des fleurs d'acacia en l'honneur de Râ, force et conscience solaire par excellence, pour créer une atmosphère propice aux invocations. Son pouvoir est bien connu dans certaines parties du monde et encore aujourd'hui en Inde, en Syrie, au Liban ou en Grèce, on considère que porter sur soi du bois d'acacia conjure, d'une certaine façon, les forces du mal.

En raison de sa puissance essentiellement solaire, l'acacia agit sur les quatre éléments qui circulent dans l'être humain.

Les fumigations d'acacia favorisent la « haute voyance », c'est-à-dire une intuition directe, sûre, claire, sans qu'il y ait nécessité d'images (celles-ci résultent d'une perception essentiellement astrale).

***Conseil pratique :** Faites brûler des fleurs d'acacia le dimanche ou lorsque vous en ressentez le besoin.*

S'il y a chez vous un nourrisson, placez des fleurs d'acacia dans un petit sac de toile jaune et accrochez-le sur le berceau.

Une protection efficace est assurée car, pendant son sommeil, les entités du bas astral et du plan éthérique ne viendront pas le perturber.

Ache

La plus connue de cette famille des conifères est le céleri, la plante cultivée. Nous allons ici considérer les autres variétés.

De nature mercurienne et aqueuse, l'ache nettoie profondément sur le plan émotif, calme les angoisses et chasse la tristesse en tonifiant le système nerveux.

Elle symbolise la connaissance soumise à une haute hiérarchie. Autrefois, ses feuilles figuraient dans les couronnes des ducs et des marquis.

***Conseil pratique :** Le mercredi, faites brûler de la poudre d'ache sur de l'encens pontifical et du benjoin. Allumez en même temps une bougie orange.*

Vous pouvez aussi l'employer en bains « magiques » dont la recette vous sera donnée dans la seconde partie de ce livre (voir p. 161).

Vous pouvez également porter sur vous des feuilles ou de la poudre d'ache, enfermés dans un sachet de toile orange. Ses émanations agiront sur vous en permanence.

La fleur d'oranger et d'autres plantes exaltent sa puissance.

Achillée

L'achillée, de nature vénusienne et porteuse du Feu de cette sphère, procure le dynamisme, le courage et renforce le désir amoureux. Celui qui porte sur lui des feuilles d'achillée est chargé d'une vibration « électrique » qui chasse les influences maléfiques.

La plante fait partie des « Herbes de la Saint-Jean » que l'on brûle en juin, lors du solstice d'été. Ces feux ont pour but d'évoquer intensément les énergies du feu cosmique, canalisé par Tipheret *via* Netzach (voir le schéma de l'Arbre de Vie kabbalistique, p. 20).

Conseil pratique : *La poudre de feuilles d'achillée séchées, mêlée à d'autres fumigations, offre une protection intense. Placez cette poudre dans un sachet de toile rouge et vous verrez comme vous vous sentirez à l'abri et comme, votre magnétisme étant renforcé, vous exercerez une attraction plus grande. La puissance du Feu de l'achillée explique pourquoi elle est utilisée dans les cérémonies d'exorcisme et de désenvoûtement.*

Agaric

Par ce nom, on désigne plusieurs champignons. Le plus connu est l'agaric des champs ou psalliote des champs. Sa nature profondément terrestre le lie aux entités élémentales de la Terre ; l'agaric a donc les propriétés magiques inhérentes à cet élément : richesse matérielle et prospérité financière.

Conseil pratique : *La poudre d'agaric portée sur soi dans un sachet de toile marron incite les éléments terriens à l'apport de biens inattendus : dons de vêtements, d'objets, de meubles…*

L'agaric est également en harmonie avec la Terre, il est par conséquent une meilleure « incarnation » en ce monde. Il chasse les chimères de la pensée et le mal de vivre et ouvre la porte à la stabilité matérielle. Si on le brûle avec de la manne et de la salsepareille ou du gui, il est souverain dans ces domaines.

Agave

L'agave, ou chanvre des Indiens, est surtout renommé parce qu'il est utilisé dans les boissons aphrodisiaques dont sont friands les habitants d'Amérique du Sud.

De fait, les énergies martiennes sont considérables dans cette plante à la racine épaisse et aux feuilles longues et pointues. Certains y voient d'ailleurs une représentation du pénis, comme un symbole de ses propriétés connues. Un Feu martien court dans ce végétal qui apporte aux hommes un grand courage et une puissance sexuelle certaine.

Conseil pratique : *Il est difficile en Europe de se procurer des feuilles d'agave. Les Mexicains et les Amérindiens en extraient le jus pour le convertir en sirop mélangé à des aromates. Le résultat de son absorption est l'accélération de la circulation du sang, et donc une pression suffisante pour stimuler l'éveil amoureux.*

Aigremoine

Belles feuilles régulières, fleurs jaunes, longues tiges, c'est l'aigremoine que les Anciens appelaient « eupatoire ». De nature jupitérienne, elle canalise l'élément Eau et s'avère propice pour tout ce qui concerne cette sphère.

L'accès à un emploi, une promotion professionnelle, de meilleures relations avec les banquiers, une amélioration de la position sociale seront obtenus par un usage approprié de cette plante. Elle joue un rôle si important dans les affaires judiciaires (procès) que, au temps de l'Inquisition, elle symbolisait la justice. Si les feuilles d'aigremoine, tendues devant le juge vers le suspect, penchaient vers le sol et se fanaient, on était à coup sûr en présence d'un sorcier… Drôle de justice !

Conseil pratique : *À utiliser le lundi, en même temps qu'une ou plusieurs chandelles bleu roi pour résoudre un problème lié à la sphère de Jupiter (Chesed). On obtiendra les faveurs jupitériennes si l'on porte sur soi un sachet bleu contenant des feuilles d'aigremoine.*

Ail

L'ail est martien et canalise le Feu de la sphère Guéburah avec une telle force qu'on l'utilise en priorité comme condensateur fluidique de l'élément Feu.

Il véhicule donc le Feu et brûle certaines entités, invisibles mais bien présentes, qui entourent les êtres humains. Il a une telle réputation d'anéantir le Mal qu'en Égypte, il était élevé au rang de divinité. En Inde, il est appelé en sanskrit *Bhutagna*, qui signifie « tueur de monstres ».

Tous les peuples de l'Antiquité voyaient une panacée dans ses bulbes.

L'ail apporte également force et courage, les attributs de Mars. À Rome, les légionnaires en mangeaient avant la bataille et les gladiateurs enduisaient leurs corps d'une purée d'ail avant d'entrer dans l'arène.

Conseil pratique : *Si vous devez emménager dans une nouvelle maison ou un nouvel appartement, avant même d'effectuer des travaux ou d'installer des meubles, déposez au milieu de chaque pièce* *un récipient de verre contenant plusieurs gousses d'ail épluchées et un peu de charbon de bois. Trois jours après, jetez le tout à la poubelle en évitant de toucher de vos mains l'ail et le charbon. Cela fait, brûlez abondamment de l'encens, pur ou pontifical, ainsi qu'une pincée de poudre d'absinthe ou de quintefeuille.*

Airelle

L'airelle canalise le Feu de Vénus à un niveau élevé. Au lieu de provoquer la passion amoureuse comme la primevère ou la violette, elle régularise, écarte les éléments perturbateurs de la vie affective.

Elle détruit les envoûtements d'amour et protège les amours déjà existantes. C'est pourquoi on peut tirer un grand profit des émanations de l'airelle si l'on veut arracher quelqu'un à une passion néfaste ou créée par sorcellerie.

En revanche, si un couple vit sans problèmes particuliers dans la paix de sentiments tendres et partagés, l'airelle stabilisera ces liens et les renforcera.

Son Feu est très pur et remarquablement bénéfique.

Conseil pratique : *Pour tout ce qui concerne les « retours d'affection », pour la paix et la stabilité affective, brûlez de l'airelle avec de l'angélique et un peu d'encens, pendant que se consume une bougie rose.*

Ajonc

Mars est le dominant de cette plante aux magnifiques fleurs d'or et aux épines aiguës. Le Feu y est concentré et son jeu harmonieux lui confère des pouvoirs multiples.

L'usage de l'ajonc assure la prospérité et l'amélioration du niveau social, il donne également la vaillance et l'endurance au combat et protège contre toute forme de sorcellerie.

Conseil pratique : Pour éloigner vos pensées négatives, contre les influences maléfiques, faites brûler de l'ajonc avec de l'encens tandis que vous aurez allumé une bougie rouge. Vous en recevrez la stimulation et la force nécessaires pour éloigner le doute et acquérir une meilleure confiance en vous-même.

Facilite la recherche d'emploi si la compétition est grande ou si les relations avec vos supérieurs hiérarchiques ou votre banquier sont tendues, à condition de brûler de l'ajonc avec de l'encens en même temps qu'une bougie bleu roi.

Alchémille

Appelée par les alchimistes « Eau Céleste » tant son pouvoir de restaurer la texture du corps éthérique est reconnu, l'alchémille est lunaire et porte l'Air et l'Eau de cette sphère (Yésod).

Les compresses de tisane d'alchémille ont un effet remarquable sur les traits vieillis et fatigués.

Incorporée à un onguent élaboré selon les règles magiques, elle guérit les plaies éthériques dues à l'abus d'alcool, à l'absorption de drogues ou au vampirisme nocturne. Dans les cas d'incubat ou de succubat, ces copulations nocturnes plus au moins conscientes avec des entités non incarnées qui provoquent l'orgasme mais absorbent l'énergie vitale, cet onguent éloigne efficacement les entités indésirables. Par conséquent, vous évitez faiblesse et dépression suivant généralement ces rapports.

Conseil pratique : Si vous avez le sommeil agité et le réveil lourd et pénible, brûlez avant de vous coucher de l'alchémille et de l'encens, et aspergez les murs de votre chambre avec de l'essence de basilic et de menthe.

Aloès

L'aloès fait partie des bois d'Agalloche (bois d'aloès, d'Aquilaire, etc.) très aromatiques et résineux. Les rites maléfiques ont usé depuis des siècles de bois d'aloès ou « bois d'aigle ». Son usage bénéfique n'est pratiquement pas connu ; il exigeait de l'opérateur un véritable alignement sur le Courant Divin.

La manipulation de cette plante est dangereuse. Ses fumigations nourrissent les êtres du bas astral et de certains plans démoniaques. Ceux-ci, une fois repus de l'énergie dégagée par la combustion, procurent la chance, l'argent et ensuite s'éloignent des lieux. C'est la raison pour laquelle dans l'Ancienne Égypte, les magiciens noirs s'en servaient pour s'enrichir et pour chasser les démons. Leur départ n'était pas du tout provoqué par une forte vibration divine à laquelle ils auraient obéi. Au contraire, lorsque l'énergie puisée dans les fumigations d'aloès était absorbée, ils revenaient à la charge avec encore plus de force pour demander leur « nourriture ». Cela ne faisait que créer un cercle vicieux car on ne pouvait les chasser qu'en les alimentant et, ce faisant, on décuplait leur pouvoir sur le magicien noir et les bénéficiaires de ce type de magie.

Il en est toujours ainsi. Si nous avons abordé ce sujet malgré notre répulsion, c'est parce que de nombreuses personnes imaginent, en toute innocence, se débarrasser des entités malveillantes en utilisant de l'aloès sans savoir ce qui se passe réellement et sans apporter de véritable solution à leur problème.

Toutefois, il ne faut pas confondre l'usage de l'aloès en fumigation dans un rituel de magie avec la « teinture » de cette même plante, aux propriétés positives.

Alysse

L'Air de la sphère solaire vibre avec intensité dans cette plante odorante et lui permet d'apporter la légèreté, l'adaptabilité, le mouvement et la gaieté.

L'usage de l'alysse fait souffler sur les relations humaines un esprit de liberté et de détachement joyeux. Les liens, lorsqu'il y en a, ont la marque de l'aventure ; ils sont fugaces, pleins de charme et leur souvenir est agréable.

Cette plante est caractéristique du signe des Gémeaux et l'Antiquité marquait cette similitude en faisant porter aux jumeaux divins, Castor et Pollux, des sachets protecteurs emplis d'alysse séchée.

Conseil pratique : *Lorsque la monotonie du quotidien vous pèse, qu'un manque de liberté vous étouffe, faites brûler des feuilles d'alysse, surtout à l'époque où le soleil illumine les Gémeaux (20 mai-20 juin). Ajoutez de l'acacia et du basilic si vous souhaitez devenir réceptif aux idées nouvelles, celles-ci vous seront nécessaires pour attirer la liberté (autres activités professionnelles...), faire des voyages et des rencontres enrichissantes.*

Si vous êtes quelque peu inhibé, que vous souffrez d'une certaine peur du risque, d'un manque de souplesse d'esprit qui vous confinent dans des structures sécurisantes mais sans possibilité d'évolution, utilisez l'alysse en bains, en amulettes, en rituels... Votre caractère en sera transformé et vous connaîtrez la joie du vent du large et de la nouveauté !

Amande

L'Eau claire du sage Mercure irrigue cet arbre, l'amandier et son fruit bien connu. Les feuilles, le bois, l'écorce et le fruit de l'amandier facilitent le travail mental à un tel point qu'ils favorisent la promotion.

L'amandier apporte un tel détachement plein de sérénité et de compréhension de toute chose qu'on lui attribue le pouvoir de rendre les êtres humains sages.

Il favorise les rentrées d'argent par des activités intellectuelles (écrivains, conférenciers, etc.).

Conseil pratique : *À utiliser lorsque l'on a du mal à trouver une solution à un problème, lorsque les idées sont troublées par l'émotion ou que l'on se sent psychiquement déstabilisé.*

Pour attirer l'argent, brûlez des feuilles d'amandier ou portez des amandes comme amulettes.

Amarante

Saturnienne et portant l'Eau du « Grand repos », l'amarante fut, comme le cyprès, très associée aux rites funéraires. L'immortalité et la paix éternelle sont ses symboles.

Conseil pratique : *Son seul usage magique consiste à la faire brûler avec de l'encens au chevet des mourants ou après un décès.*

Ananas

Le soleil donne à l'ananas ses propriétés de chance, de prospérité, de splendeur mais aussi de… chasteté. En effet, la vibration de Tipheret-Soleil ne favorise pas les épanchements excessifs. L'impersonnalité domine et la matière, avec sa densité et ses jouissances, n'y a pas sa place.

L'ananas peut attirer la prospérité et l'argent, et de son flux rayonnant découlera un véritable don divin. Cependant, cet argent ne devra pas avoir été gagné au détriment de la souffrance d'autrui, ni être le produit d'une quelconque malhonnêteté.

Conseil pratique : Si votre activité est honnête et ne porte pas préjudice aux autres (proscrivez donc la vente d'armes, le commerce de la drogue, le proxénétisme) et si en plus elle est bénéfique pour la société (activité altruiste, même si vous êtes rémunéré), vous pouvez prendre fréquemment des bains dans lesquels vous aurez mis au préalable des tranches d'ananas frais.

Ceux qui souhaitent diminuer leurs pulsions sexuelles afin de suivre une ascèse particulière (méditation, magie de haut niveau, etc.) tireront profit de ces bains. Pour ce cas précis, ajoutez quelques gouttes d'essence de basilic et de lavande.

Ancolie

Elle porte le Feu de Vénus, un feu dense, avec une vitalité charriant l'érotisme et l'exacerbation des sens.

Les vestales des temples romains, chastes par devoir et par la nécessité de préserver au Feu – dont elles étaient gardiennes – une pureté absolue, se voilaient la face lorsque, au cours d'une promenade, leur regard tombait sur la belle et violente ancolie !

L'ancolie entre dans la préparation des aphrodisiaques, mais elle apporte également courage et protection.

Conseil pratique : À utiliser dans la confection de tous les onguents aphrodisiaques. À faire brûler lorsque l'on veut provoquer le désir chez le ou la partenaire. Allumer en même temps une bougie rouge.

Anémone

Comme l'ancolie, l'anémone véhicule le Feu de Vénus, mais détaché de la sensualité, infiniment plus pur. Il est source de guérison, protège des passions et calme les blessures affectives en apportant aux amoureux déçus de nouvelles opportunités tendres et durables.

L'anémone ne favorise ni l'extrême passion amoureuse ni les désirs sensuels. Est-ce pour cela que les Grecs, dans leur mythologie, ont fait porter à Vénus, affligée après la mort d'Adonis, son bien-aimé, une fleur d'anémone ?

Conseil pratique : Utilisez cette fleur lorsque vous prenez conscience qu'une passion vous étouffe et que vous souhaitez vous en libérer.

Si vous voulez protéger les adolescents des liaisons précoces et néfastes, brûlez de l'anémone avec de la myrrhe ou de l'encens ainsi que de l'angélique ou de la scabieuse.

Aneth

Salades blanches à souhait, cornichons parfumés, crème fraîche odorante, saumon fumé, tendres harengs sous toutes leurs formes et indispensable vodka ! Pour les gourmets, c'est ce qu'évoque le parfum de l'aneth, fidèle compagnon des soirées russes.

Parce que l'aneth a fait partie de la plupart des mets de la Russie et des pays de la Baltique, on en a déduit que les hommes et les femmes avaient la réputation d'être aussi chauds dans un lit qu'était glacé, au-dehors, l'hiver du Nord…

Vénus brûle de son Feu cette plante très aromatique et on comprend les raisons de sa réputation.

En fait, l'aneth facilite la circulation du sang, maintient la chaleur et l'énergie du corps et apporte une intense vitalité ; son usage fréquent s'explique dans ces pays au climat rude.

L'aneth magnétise également l'aura et dynamise son pouvoir d'attraction.

Conseil pratique : *Consommez de l'aneth, vous en ressentirez une vigueur accrue. Si vous la portez sur vous, sachez qu'elle favorise les rencontres et les rapports amoureux.*

Angélique

Cette belle plante aromatique est de nature solaire ; elle porte en elle les vibrations de l'électromagnétisme parfait (Feu-Air-Eau) comme toutes les plantes de cette sphère.

Les grimoires et l'histoire attestent son pouvoir de guérison de très nombreuses maladies : morsures de serpents, réduction des fractures en un temps record, peste, etc.

On prétend que cette plante a été donnée aux hommes par l'archange Raphaël. Or, si nous lisons la Kabbale, nous apprenons que ce grand archange gouverne la sphère solaire, Tipheret, et a sous ses ordres une légion d'anges (les Malakhim), très lumineux et puissants, dont le pouvoir d'harmoniser et de guérir est immense ! Dès lors, on comprend qu'il ne s'agit pas d'une légende mais bien d'une transmission orale, puis écrite, sur les origines de cette plante merveilleuse.

Conseil pratique : Au-dessus de la porte de votre demeure, accrochez un sachet de toile jaune contenant de la poudre d'angélique (avec de la poudre de gui ou des boules de gui, même sèches). Vous bénéficierez ainsi de nombreuses protections solaires et toutes les personnes entrant chez vous sentiront, même si cela ne vient pas à conscience claire, combien y règne une atmosphère paisible et détendue (à condition, bien entendu, de ne pas émettre de pensées négatives de tristesse, d'envie ou de haine…).

L'angélique garantit également contre tous les envoûtements amoureux et les rencontres à caractère sentimental qui pourraient se révéler nuisibles à l'avenir. Si vous brûlez l'angélique sur un peu d'encens de Nazareth ou de Lourdes et de l'anémone, vous amplifierez son pouvoir.

Mariée à l'acacia, cette plante favorise l'intuition et peut être utilisée dans tous les rituels solaires.

Anis

Cette plante vient de l'Orient et l'on connaît les délicieuses boissons qu'elle parfume. De nature lunaire et aqueuse, elle favorise le sommeil, dissipe les cauchemars et ouvre les portes de la mémoire cachée : incarnations passées, visions, etc. Par ses fumigations, elle purifie l'environnement proche et, ajoutée à du laurier, génère une atmosphère propice à la réceptivité psychique (médiumnité, etc.).

Conseil pratique : Lorsque vous êtes angoissé et que vous traînez un peu votre vie comme un boulet, faites brûler de l'anis avec un peu d'encens ou de myrrhe. Une sorte de vide intérieur vous envahira, en même temps qu'une euphorie bienfaisante et, dans cette paix momentanée, vous verrez émerger la solution à vos différents problèmes.

Accrochez un petit sac bleu contenant de l'anis près des portes de votre demeure ; cela contribuera à disloquer les vibrations négatives de l'aura des habitants ou des invités.

Arbousier

C'est à tort que l'on a attribué jusqu'ici à cette plante, qui s'épanouit sous le soleil, l'élément Feu de Mars. En fait, elle est de nature lunaire et véhicule l'Eau et l'Air, les deux en parfaite harmonie.

Cette structure occulte lui permet d'agir efficacement dans le domaine régi par la sphère de Yésod (la Lune) : les femmes enceintes, le foyer, les enfants, l'aspect « Eau » du plan astral et surtout le plan éthérique universel d'où est issu notre propre corps éthérique.

Ces qualités paraissent évidentes lorsque l'on sait que l'absorption du sirop d'arbousier (les fruits écrasés) favorise la reconstruction des tissus après une déchirure ou une opération chirurgicale. On sait que sur le plan éthérique universel et donc individuel, il est de nature aqueuse. L'Eau y règne en tant qu'élément et de la qualité de celui-ci dépend, en bonne partie, la santé du corps physique.

Ce qui agit sur le corps éthérique se répercute peu après sur le corps physique et si l'arbousier aide à reconstituer tellement vite les chairs, c'est grâce à son lien avec le plan éthérique et à son action immédiate sur le corps éthérique du malade.

Le subconscient, l'inconscient, les rêves, les anomalies nocturnes, une médiumnité incontrôlée et donc très dangereuse, le monde dense du « bas éther » où se traînent les « larves » et les « coques », véritables déchets très nocifs de ce plan, ce domaine important gouverné par Yésod peut être transformé.

On comprend donc mieux pourquoi les Romains étaient persuadés que la déesse Cama, grâce au rameau d'arbousier qu'elle tenait à la main, veillait sur les petits enfants, surtout pendant leur sommeil. Ils déposaient également ces belles feuilles ovales sur le cercueil des disparus et ceci s'explique parfaitement lorsque l'on sait que la sphère de Yésod (la Lune) est celle que doit atteindre l'âme du défunt après le décès du corps physique. Pour faciliter ce passage difficile, on avait ainsi recours au pouvoir de l'eau, le magnétisme universel.

Lorsque les Berbères plantent des arbousiers pour chasser les démons (selon la dénomination usuelle), il s'agit en réalité de dissoudre les larves.

Dans les pays d'Afrique du Nord, on voit souvent des arbousiers encombrés de lambeaux de vêtements : ces bouts d'étoffe appartiennent à des malades. Imprégnés de la maladie de la personne qui souffre, ils servent de « témoin » et l'élément Eau agissant dans l'arbousier va absorber l'Eau non harmonieuse du malade constituant son corps éthérique (raisonnez toujours en termes d'élément, ne vous imaginez pas une eau coulante et jaillissante !). Un soulagement certain, sinon la guérison, peut être espéré.

Conseil pratique : *Si vous venez de vous faire opérer, buvez du sirop d'arbousier en quantité.*

Placez des rameaux d'arbousier au-dessus du berceau des nourrissons avec quelques feuilles ou fleurs d'acacia : leur sommeil sera protégé. Disposez-en dans votre chambre, les résultats seront identiques.

Pour soulager une femme enceinte de ses angoisses ou simplement favoriser la gestation, aider un enfant, apporter l'harmonie dans un foyer ou demander la guérison d'un malade, effectuez le rituel un lundi en utilisant abondamment l'arbousier avec de l'encens de Lourdes pendant que se consumeront des chandelles bleu pâle.

Dans la chambre d'un mourant, on apportera quelques rameaux de cette plante douce, au pouvoir bienfaisant, en allumant également trois bougies bleu pâle (neuf serait encore mieux), de l'encens, un peu de lavande. Ainsi, l'ambiance vibratoire de celui ou de celle qui va nous quitter sera propice à un meilleur départ et au paisible voyage de l'âme.

Armoise

Associée à la chaste déesse Diane Artémis, l'armoise est solaire. Elle porte en elle la guérison, l'harmonie et une vision claire des choses. Elle facilite donc la voyance.

On dit fréquemment les facultés des voyants sont accrues s'ils posent leur support (boule, cartes, tarots, etc.) sur un tapis d'armoise. Il serait plus juste de préciser que la plante purifie ces supports de tous les contacts qu'ils ont subis. C'est en ce sens que la voyance, libérée de tous les parasites éthériques et psychiques fixés sur ces supports, est facilitée.

Conseil pratique : *Dans un cabinet de consultation de voyance, il est bon de faire brûler régulièrement de l'armoise avec de l'acacia, du basilic et de l'encens.*

Aubépine

La Lune et son Eau féconde donnent à l'aubépine le pouvoir de protéger les jeunes mariés, le foyer et les enfants.

Elle agit puissamment sur le corps éthérique dont elle restaure les plaies.

Conseil pratique : À brûler régulièrement pour protéger votre foyer et votre couple. Il est bon d'accrocher un sachet de toile bleu clair contenant de l'aubépine séchée au-dessus d'un berceau ou d'un lit d'enfant.

En cas de stérilité due à des blocages psychologiques, des bains salés contenant de l'aubépine séchée et quelques gouttes d'essence de lavande sont recommandés. Prendre ces bains avant tout rapport sexuel en laissant brûler une bougie bleu pâle.

Les effets de l'aubépine sont améliorés si l'on y ajoute de la lavande.

Avocat

On prétend, dans les îles Hawaï, que l'avocatier est l'arbre magique par excellence car il représente parfaitement, de ses racines à son fruit, l'Univers entier.

Sans prendre parti sur cette affirmation, nous savons que l'avocat était vénéré en Égypte et que les Aztèques en extrayaient un élixir de jouvence.

Vénus et son Feu donnent à l'avocat une forte énergie vitale et c'est sans doute à ce titre qu'on l'a catalogué parmi les aphrodisiaques.

Conseil pratique : Amusez-vous à faire germer un noyau d'avocat dans un pot de terre : non seulement l'avocatier embellira votre appartement mais il rayonnera réellement et attirera ainsi sur les lieux une chance typiquement vénusienne : luxe, créativité, nouvelles rencontres, etc.

Il est excellent en onguent de beauté.

Avoine

Nourriture des chevaux, elle donne à ces superbes animaux une force et une énergie qu'aucun aliment carné ne pourrait transmettre. Le Feu de Vénus irradie de l'avoine.

On prétend que des êtres de Vénus nous firent connaître le blé, le maïs et l'avoine en nous apportant leurs germes.

Le pouvoir de vie recelé par l'avoine est immense et les entités élémentales de la Terre aiment à en extraire la vitalité éthérique (comme elles le font avec le blé, le maïs, le sarrasin et le riz) pour s'en alimenter. C'est pourquoi, sans doute, on pensait que toutes les céréales attiraient les richesses matérielles et que garder celles-ci chez soi, c'était posséder le ferment de la prospérité.

Conseil pratique : Dans un bol de terre, versez une poignée d'avoine (ou d'une autre céréale) et posez-le au point nord de votre maison. Changez le contenu du bol chaque semaine.

Bambou

Le bambou canalise la force des quatre éléments et cette quadripolarité en fait une magnifique baguette de pouvoir, instrument magique par excellence. On ne trouve guère que le sycomore – qui pousse en Égypte – pour avoir des qualités comparables.

Mais revenons à notre bambou. Certaines tribus mélanésiennes se livraient à des luttes acharnées pour garder la mainmise sur les plantations de bambous, on comprend pourquoi.

Certains voient dans le bambou, à cause de sa forme, un symbole phallique. Peut-être tout simplement parce que le sexe est porteur de vie comme le bambou si l'on sait s'en servir en magie.

Conseil pratique : *Si vous gravez un souhait accompagné de noms et de signes de pouvoirs adéquats sur un morceau de bambou et plantez celui-ci en terre dans un lieu énergétiquement approprié (décelé par radiesthésie), vous donnerez ainsi un ordre aux entités élémentales qui mettront tout en œuvre pour le réaliser.*

Basilic

Les énergies jupitériennes et solaires qui circulent dans le basilic, transmises par la sphère mercurienne (Hod), justifient tout à fait le nom de cette plante qui en français signifie « herbe royale », du grec *basileus*, le roi et *basilikos*, royal.

L'Eau joue un grand rôle dans le basilic, tout comme l'Air et le Feu. Le basilic réunit dans sa texture un électromagnétisme parfait. Ceci lui donne de grands pouvoirs : purification, destruction des parasites éthériques, notamment dans les canaux « subtils » du corps humain (*nadis* en sanskrit), affaiblissement, voire dislocation, des larves générées par les humains et reliées au plexus solaire de leur géniteur par un lien magnétique, mais aussi apport de la vibration propre à la sphère de Mercure, chargée de l'harmonie solaire (Tipheret) et de la sagesse jupitérienne (Chesed). (Voir la ligne oblique reliant Chesed, Tipheret et Hod sur le schéma de l'Arbre de Vie kabbalistique, p. 20.)

Ainsi s'explique l'utilisation du basilic dans les rites de divination (éclaircissement des canaux éthériques permettant une meilleure réceptivité), de guérison psychique (action sur le système sympathique, destruction des larves individuelles…), de restructuration d'un système nerveux perturbé, d'où la détente, l'inspiration et l'action sur l'intellect.

L'électromagnétisme du basilic est parfait, répétons-le. En contact avec une aura humaine, sa réaction peut mesurer, dans certaines conditions, la qualité vibratoire de cette aura. En d'autres termes, indiquer si la personne concernée est malade ou non, si sa nature psychique est sombre, impure ou, au contraire, claire et relativement purifiée.

Autrefois, dans les campagnes, on usait d'une épreuve pour savoir si un mari serait sérieux et fidèle. On plaçait dans sa main droite (émettrice) un rameau de basilic. Soit celui-ci restait sain, soit il devenait terne, noirci, se desséchait et se recroquevillait. Cela indiquait une aura négative ou positive. Le problème est que le pauvre homme pouvait simplement être affligé d'une tristesse momentanée ou d'un accident ponctuel de santé sans être un mauvais bougre ou un époux volage !

Les Anciens Grecs attribuaient au basilic des propriétés érotiques. Dans ce cas, il faut préciser qu'il s'agit de la conception essentiellement grecque de l'Eros : de nature désincarnée, empruntant à Hod sa froideur mentale et à Mercure la beauté mâle que les Hellènes célébraient. Donc, propriétés érotiques, peut-être, mais amour calme et raisonnable. D'ailleurs, les Romains, pour apaiser les querelles des amoureux, ne leur faisaient-ils pas manger du basilic en salade ?

Conseil pratique : *Il sera fait abondamment usage du basilic, sous forme d'huile essentielle (toutes les explications nécessaires sont données dans la seconde partie de ce livre).*

Un pot de basilic frais sur le bord d'une fenêtre constitue une excellente protection. Le dicton « le Diable a horreur du basilic ! » ne peut pas mentir…

Bergamote

La bergamote est traditionnellement liée à l'argent-monnaie qui circule de mains en mains.

Mercure lui accorde le pouvoir d'apporter la prospérité financière, notamment par des activités commerciales.

Conseil pratique : Des feuilles de bergamote séchées dans un portefeuille ou un porte-monnaie ne peuvent être que bénéfiques ! Le flux d'argent qui passe par l'un ou l'autre devrait être amplifié.

Blé

Voir « Avoine », p. 58.

Bouleau

C'est en Scandinavie et en Russie que l'usage magique du bouleau est le plus répandu.

Vénus et un Feu élevé lui confèrent les propriétés indispensables à une efficace baguette magique.

Le bouleau favorise l'éclosion de sentiments aboutissant au mariage. En Russie, lorsqu'une jeune fille ou un jeune homme souhaitait obtenir les faveurs de son (ou sa) bien-aimé(e) pour convoler en justes noces, et non pas pour une aventure sans lendemain, il se rendait dans une forêt. Là, il ou elle enlevait un morceau d'écorce de bouleau et, sur le tronc dénudé à cet endroit, il ou elle gravait son prénom et celui du partenaire convoité en alternant les lettres formant chacun d'eux. Imaginons Martine et Alain. Ces prénoms, écrits comme nous venons de le dire, donnent : MAALRATIINNE. Le prénom de la jeune fille doit venir en premier, car de la femme (représentant la Divine

Mère et le Grand Contenant Universel) se déverse la vie et à partir de là, « toutes les choses deviennent possibles »...

Cette pratique est très efficace, à condition toutefois de bien se brancher sur l'esprit-Groupe de la forêt puis sur celui des arbres avant d'opérer.

Dans un certain type de rituel où le bouleau joue un rôle important, on peut appeler l'esprit de la forêt, rapporte la tradition russe. En fait, n'importe quel arbre, pourvu qu'il soit solide et suffisamment âgé (chêne, olivier) peut servir de support pour évoquer l'esprit gouvernant la végétation d'un lieu.

Conseil pratique : *Des morceaux d'écorces de bouleau, si on les porte sur soi dans un sachet de soie rose et qu'ils ont été dûment consacrés à VénusNetzach, favorisent un mariage heureux. Si vous avez des enfants en âge de se marier, vous pouvez confectionner pour eux cette amulette. Si le jeune homme ou la jeune fille refuse de la porter, il faudra inclure, dans le sachet, une mèche de ses cheveux et garder l'amulette chez soi discrètement.*

Bourdaine

La bourdaine possède de grands pouvoirs de protection et est utilisée surtout pour les exorcismes.

Sa puissance vient de Saturne qui lui offre sa protection, en particulier pour la rétribution de tous les actes. En effet, dans la sphère de Binah-Saturne siègent les grands juges de notre univers, les Seigneurs du Karma... L'énergie de Saturne-Binah gouverne également le 32e sentier (voir le schéma de l'Arbre de Vie kabbalistique, p. 20) qu'empruntent inéluctablement les humains pour accéder aux mondes subtils. Ils y affrontent « le Gardien du Seuil », c'est-à-dire eux-mêmes, leur propre négativité devant ce juge qu'est Saturne...

Lorsqu'un jugement humain nous menace (procès ou calomnie), la bourdaine peut utilement être employée.

Conseil pratique : Avant et pendant un procès, à condition que vous vous sentiez tout à fait innocent, faites brûler des feuilles ou de l'écorce de bourdaine ainsi qu'une bougie parme.

Bourse à pasteur

Eh oui, on a de ces étonnements ! Bien qu'elle pousse sur des terrains incultes, arides, ses éléments dominants sont l'Eau et l'Air !

Cette structure lui donne d'excellentes capacités d'action sur le corps éthérique et psychique, sans égaler toutefois la puissance de l'admirable arbousier.

La bourse à pasteur développe les dons de voyance et favorise le retour au calme après une émotion.

Conseil pratique : Utilisez-la en fumigations, pendant toute séance de voyance (cartes, tarots et surtout boule de cristal).

Bruyère

L'Eau et l'Air de la sphère lunaire (Yésod) président aux pouvoirs de cette belle plante aux fleurs mauves.

La bruyère apporte une protection douce et apaisante, comme si ses vibrations ne voulaient pas se faire connaître, de peur des influences négatives.

Si le Feu protège en dressant une barrière offensive et violente contre les maléfices, l'Eau se contente d'entourer et de préserver.

Conseil pratique : Très efficace pour les enfants et les femmes enceintes en amulettes ou à faire brûler pendant un rituel de demande de protection.

Buis

Cet arbrisseau aux feuilles persistantes, si robuste et à la vie si longue, est de nature essentiellement solaire (Tipheret).

Sa qualité principale est d'apporter la protection et l'harmonie dans les lieux où règne l'agitation. À noter la coïncidence entre l'émanation « christique » de cette plante (Tipheret, plan Christique sur l'Arbre de Vie) et l'accueil que réserva au Christ la ville de Jérusalem, une semaine avant la Pâques, en Le saluant avec des branches de buis (le dimanche des Rameaux, fêté par les chrétiens).

Conseil pratique : Sage est l'usage de conserver les branches de rameaux distribuées à l'église avant Pâques, même si la plupart des gens ignorent les effets réels du buis, car la protection divine est ainsi dans la maison. Il est excellent également d'entourer la maison d'une haie de buis.

Camélia

L'Eau lunaire irrigue cette magnifique fleur et lui donne la faculté d'attirer confort, richesse et luxe. Pour être favorisé par ce pouvoir, plantez, lorsque c'est possible, des camélias dans votre jardin ou garnissez-en fréquemment un vase.

Conseil pratique : Un parfum de camélia porté sur soi incitera votre entourage à vous faire des cadeaux luxueux.

Camomille

Tout le monde connaît cette tisane à l'odeur chaude. La camomille, comme l'angélique, condense les énergies solaires.

Elle a le même usage que l'angélique (voir p. 52).

Camphre

C'est à l'âge de cinquante ans environ que le camphrier commence à offrir ces cristaux verdâtres qui ont pour la magie une si grande importance.

De nature lunaire et aqueuse – alors que l'on croit généralement que le camphre a des qualités ignées et martiennes –, il reçoit sa force de la lointaine Neptune qui se déverse, *via* Mercure, sur la sphère lunaire. Comme toutes les substances de cette catégorie, le camphre a une double action : il détruit les entités négatives (larves, coques, etc.) et apporte une lucidité illuminatrice à la victime de ces attaques. Par ailleurs, il a la propriété d'entraîner la conscience vers des plans subtils (nous dirions « oniriques », ce sont les divers plans de l'Astral) et, en ce sens, il génère l'illusion. Ce sont bien là les attributs de Neptune…

Sa puissance est telle qu'autrefois, dès que l'on emménageait dans un lieu quelconque, on faisait brûler du camphre. Certes par hygiène, mais aussi pour dégager l'atmosphère des déchets éthériques et psychiques des occupants précédents.

Comme il pouvait efficacement « nettoyer » une place, le camphre entrait dans la composition des huiles saintes et renforçait ainsi l'action des autres composants en préparant le terrain.

Dans les monastères d'Extrême-Orient, il était fréquemment utilisé aux mêmes fins.

Il était communément dit que le camphre de synthèse vendu aujourd'hui en Europe n'était d'aucune utilité en magie. C'est ce que nous pensions nous-mêmes avant de tenter l'expérience. Eh bien, nous avons été surpris de son action immédiate sur l'environnement éthérique : le lieu où nous nous trouvions était, en effet, rempli de larves. Ajouté à de l'encens, le camphre de synthèse a donné d'excellents résultats.

Conseil pratique : Dès que vous sentez que l'ambiance vibratoire d'une pièce ou d'un lieu « s'épaissit » et qu'un malaise vous oppresse, comme si quelque chose s'agrippait à votre plexus solaire et que vos pieds étaient emprisonnés par d'invisibles lianes, faites vite brûler du camphre, de l'encens et de l'iris en veillant à garder plusieurs bougies allumées.

Si vous avez un réchaud de cuisine (pour les fondues, par exemple), n'hésitez pas à y mettre le feu. Un grand feu, beaucoup de feu, du camphre et de l'encens, voilà qui détruit admirablement les parasites éthériques et psychiques ! Pensez à sortir de la pièce pendant que tout ceci se consume car les émanations du camphre peuvent provoquer une crise de tachycardie.

Cannelle

La variété de cannelle la plus réputée vient de Ceylan mais le cannelier, arbre toujours vert, pousse également aux Antilles et à Java.

Sa nature vénusienne et ignée fait que la cannelle a depuis longtemps la réputation d'être un aphrodisiaque puissant. Ce n'est pas ce qui nous intéresse. Considérons son pouvoir magique réel, la qualité des forces qu'elle véhicule et déterminons son action spécifique et précise dans le monde de la matière.

Lorsque l'on sait qu'un onguent sacré était préparé à partir de la cannelle et dans des buts bien différents que l'accélération des ébats amoureux, on saisit mieux comment et pourquoi le Feu agit : il travaille en effet, non pour consacrer la matière et ses plaisirs, mais pour la sublimer par une certaine destruction.

Certes, la cannelle peut être utilisée efficacement dans toute composition aphrodisiaque, mais elle a également et surtout des propriétés d'ordre spirituel (pour les kabbalistes, disons que la cannelle vibre sur la Briah de Netzach et non sur la Yetzirah-Asiah de cette même sphère, comme l'abricotier ou le pêcher, par exemple). Il en résulte des utilisations tout à fait insoupçonnées : puisque Netzach-Vénus canalise la Vie, au sens plein du terme, et gouverne l'équilibre électromagnétique ensuite transmis aux sphères plus denses de façon à créer ce que nous appelons « la vie », la cannelle accroît ce flux de vie, élargit l'épanouissement et étend l'aura en la purifiant. Cet élargissement attire à son tour « la vie » qui se concrétise par des bienfaits affectifs et matériels. Une harmonie entre notre environnement et nous se crée et perdure.

La qualité vibratoire de la cannelle, chaude, lumineuse et asexuée, représente parfaitement l'immense force-conscience que les Égyptiens appelaient Hathor, « Dame de Joie et de Beauté », dont le rayonnement n'avait rien de l'humaine séduction et du jeu constant qu'entreprennent les deux polarités opposées, mâlefemelle. Hathor est, ainsi que son nom l'indique, la Maison de Hor, la maison de Dieu chez qui ce harcèlement dont s'amusent les contraires n'existe pas.

Si les conséquences de l'usage de la cannelle peuvent prendre un tour érotique, c'est donc davantage par une déviation de ses capacités que par l'essence même de sa nature.

Conseil pratique : *Lorsque vous souhaitez des opportunités de nouvelles rencontres amicales, la possibilité de briser la monotonie quotidienne, en un mot, la joie, faites brûler en abondance de la cannelle, un peu de cardamome et de l'encens (pur ou pontifical) ainsi qu'un mélange de bougies vertes et roses (quatre roses et trois vertes). Pendant que se consument encens, cannelle et chandelles, jouez, si vous êtes musicien, de la musique douce et suave (guitare, mandoline) ; sinon, écoutez un disque : Vivaldi, Frescobaldi, Boccherini ou le divin Mozart.*

Vous serez surpris de constater que très rapidement, les hautes vibrations vénusiennes vous apporteront un nouveau souffle dans votre vie : notamment rencontres avec des artistes, envie soudaine de créer (d'apprendre la musique, la peinture, d'appartenir à un groupe théâtral, etc.).

Si, d'autre part, des liaisons amoureuses naissaient, en raison de la présence vibratoire de Vénus, sachez que tant qu'elles ne se concrétiseront pas charnellement, elles dureront, s'alimentant toujours de cette sorte de chaleur psychique. Si les relations deviennent charnelles, le Feu intense véhiculé sur ce plan par la cannelle (Feu élevé de Netzach) les consumera.

Cardamome

Vénusienne et ignée, la cardamome met son Feu au service des affaires sentimentales et pas essentiellement sensuelles.

Conseil pratique : *À utiliser avec de la cannelle.*

Caroube

Le caroubier est un arbre martien, traditionnellement protégé par saint Georges. Son Feu est source de santé, de vigueur et de courage.

Conseil pratique : *Si vous pouvez vous procurer des caroubes, faites-les sécher au soleil et gardez-les ainsi dans votre poche. Vous bénéficierez de leurs vibrations lors d'une situation où la vaillance sera nécessaire.*

Carvi

L'Eau de Mercure et, indirectement, le Feu de Mars donnent au carvi ses pouvoirs sur les facultés mentales ; ils aiguisent la lucidité et freinent l'imagination sentimentale.

Est-ce pour cela que le carvi protège les jeunes garçons des attraits trop tentants de certaines femmes ? Il est difficile de répondre dans la mesure où toutes les plantes mercuriennes, en éveillant les capacités de raisonnement, jouent ce rôle.

Très utile en période d'examens ou durant les longues études, le carvi gagnera à être complété par la menthe et le basilic ou toute autre plante de même nature.

Conseil pratique : *Se reporter, dans la seconde partie de ce livre, aux passages consacrés aux facultés mentales et aux études (voir p. 237).*

Cèdre

L'Orient nous a appris à vénérer ce bel arbre, en particulier les Égyptiens et les Juifs.

En effet, le cèdre est un excellent condensateur des vibrations solaires (Tipheret) et c'est ainsi que s'explique le caractère sacré que les Anciens lui ont attribué depuis toujours.

En Extrême-Orient, l'usage veut que l'on isole une amulette ou un instrument magique de haute importance (miroir, baguette, etc.) dans une boîte taillée dans du bois de cèdre.

Puissant harmonisateur des énergies qui circulent dans l'être humain, il apporte la paix intérieure, la guérison et la prospérité matérielle si les sources de revenus sont honnêtes et ne lèsent personne.

Conseil pratique : *Si vous le pouvez, faites brûler des morceaux de bois de cèdre avec un peu d'encens, un dimanche, en même temps qu'une bougie or. La santé et la richesse seront attirées vers vous.*

Céleri

De nature saturnienne et aqueuse, le céleri canalise une vibration plus élevée que celle des ombellifères dont il est, avec l'ache, l'espèce la plus connue. (Voir le schéma de l'Arbre de Vie kabbalistique, pilier de gauche, p. 20).

Il apporte donc la concentration, la stabilité, la ténacité à tout travail entrepris mais tout cela n'exclut pas d'agir soi-même !

Il favorise les dons de prophétie et de haute voyance (sans image). Parce qu'il relie au plan cosmique de Saturne, il apporte un certain détachement et permet une solitude créatrice ; enfin, il dissout les passions et ouvre à la sagesse.

S'il est considéré comme un aphrodisiaque, c'est davantage parce qu'il accroît le magnétisme humain que par un Feu qu'il ne canalise qu'en proportion modérée. Car ce magnétisme n'a rien à voir avec le rayonnement vénusien. Ceci explique que l'attirance provoquée dans l'aura d'une personne par l'usage magique du céleri ne soit pas, par essence, de nature érotique, mais tende plutôt vers une admiration quasi spirituelle.

Donc, utiliser le céleri en composante dans un talisman d'amour, c'est dévier sa force, le contraindre à agir dans un sens pour lequel il n'est pas programmé.

Conseil pratique : *Faites brûler du céleri lorsque vous cherchez la solution d'un problème ou que vous avez une décision à prendre et qu'un choix difficile se trouve devant vous. Allumez également trois bougies mauves et, de façon à obtenir la vibration saturnienne, ajoutez de la poudre de lavande. Faites que le silence et la solitude règnent autour de vous ! Pendant que les chandelles se consument, pensez très fort à ce qui vous préoccupe puis sortez de la pièce en laissant les bougies se consumer jusqu'au bout. Ne pensez plus à vos problèmes…*

Quelque temps après, en rêve ou en intuition soudaine, la solution vous apparaîtra de façon évidente.

Chardon béni

De caractère martien et igné, le chardon béni apporte la force de combattre et de vaincre.

Mais il faut l'associer à une autre plante qui lui donne, en quelque sorte, le but de la lutte, de façon à ce qu'il produise de réels effets.

Conseil pratique : *Faites brûler du chardon béni, du gui et de l'encens si vous voulez obtenir l'argent que l'on vous doit, résultat qui nécessitera procédure et affrontements.*

Chêne

Une littérature abondante affirme que le chêne (chêne rouvre, l'espèce la plus commune en Europe) est l'arbre de plénitude, de force et de santé par excellence. La pratique magique confirme ces allégations séculaires et ajoute qu'utiliser des feuilles, des branches, une partie du tronc d'un chêne revient à transférer sur soi une partie de sa puissance. Les Grecs lui réservaient autrefois une place royale, bien qu'il ne poussât que dans les montagnes du Nord. Les druides, eux, jugeaient que sa présence était indispensable à toute cérémonie d'importance.

Nous allons aborder, en parlant du chêne, un domaine où la complicité entre l'homme et des esprits de la nature joue un rôle essentiel.

Il serait trop compliqué de décrire la hiérarchie des êtres chargés de veiller sur le règne végétal ainsi que la façon dont ils dirigent le travail des esprits élémentaires (salamandres, sylphes, ondines, gnomes...) quant à la formation des végétaux et à leur préservation. Rappelons que chaque espèce, parmi toutes les plantes, est guidée par un espritgroupe, formé de l'émanation de cette espèce et contrôlé par un déva.

Donc, lorsque l'on souhaite entrer en contact avec une espèce aussi puissante que celle des chênes, il faut être en harmonie, tout d'abord, avec cet esprit-groupe sous l'égide du déva gouverneur. Le succès de ce contact dépendra de la qualité réelle (et non imaginaire ou seulement intellectuelle ; on ne triche pas avec la nature !) de l'aura du demandeur.

Si celle-ci vibre en accord avec l'élément Terre, que l'Eau et l'Air ne font pas trop de « remous » et que le Feu est calme, clair et NON DESTRUCTEUR, alors la relation est possible. Sinon, l'esprit-groupe saura très bien qu'il a devant lui une personne égoïste, qui ne fait pas vraiment cas des produits de la terre, qui gaspille, détruit et arrache plus les richesses qu'il ne les demande avec foi… et il ne lui donnera rien.

La pratique magique liée au chêne est certes importante et peut offrir de réels bienfaits aux humains, mais nous ne l'aborderons pas ici car un équilibre parfait des éléments est indispensable pour réussir.

Conseil pratique : *Il est salutaire de se promener, au printemps ou l'été, dans la forêt en général et dans une chênaie en particulier ; les arbres transmettront leur énergie et leur force.*

Si vous êtes énervé et débordant d'une énergie proche de l'agressivité, promenez-vous dans une forêt et notamment une chênaie, en automne et en hiver ; c'est vous qui offrirez aux arbres, sans vous en rendre compte, votre trop-plein de vitalité ! En revanche, si vous vous sentez déprimé, évitez ces promenades dans les saisons évoquées.

Chèvrefeuille

Le chèvrefeuille condense l'énergie de Jupiter et l'Eau sacrée que cette sphère cosmique, Chesed, recueille. C'est pourquoi le chèvrefeuille est source de bienfaits matériels, de gains de toutes sortes, de profusion.

Cette plante, fraîche et parfumée, aide à entretenir les relations sociales, favorise la bienveillance, la faveur de ceux qui nous sont supérieurs et une santé florissante.

Il est conseillé de faire fleurir des chèvrefeuilles dans son jardin et d'en garnir la maison le plus souvent possible.

Conseil pratique : *Avant une rencontre importante sur le plan social (emploi, prêts bancaires, etc.), parfumez-vous avec une eau de toilette au chèvrefeuille. Avant le rendez-vous, faites brûler* *quelques feuilles avec de l'encens pur ou pontifical en même temps qu'une bougie bleu roi.*

Si vous souhaitez obtenir des gains et des biens matériels, brûlez des feuilles de chèvrefeuille avec de la manne et du gui. Allumez également une bougie verte.

Chicorée

Voilà une plante essentiellement martienne, dont l'élément Feu vibre intensément.

Le courage, la puissance et l'âpreté face à l'adversité sont apportés par une utilisation adéquate de la chicorée.

Comme son Feu écarte les mauvaises forces, elle est également employée pour les désenvoûtements.

Conseil pratique : *Faites brûler de la chicorée avec de l'encens pontifical pendant que se consument cinq bougies rouges. Vous augmenterez ainsi vos chances dans les conflits, lorsque l'affaire vous semble difficile et l'environnement hostile au succès.*

S'il s'agit de vous protéger de certains maléfices, procédez de même mais brûlez neuf bougies violettes. Il est évident que cette pratique simple ne suffit pas à désenvoûter !

Chiendent

Le rayonnant Jupiter gouverne cette plante et l'élément Eau agit à travers elle avec puissance.

Sa qualité essentielle est l'opportunité, le changement et la diversité.

Son action concerne l'élément Eau dans la vie humaine et dans le corps humain. Cependant, cette Eau est d'une qualité différente de l'Eau mercurienne et de l'Eau lunaire. D'autre part, dans la sphère jupitérienne, elle joue davantage sur le changement joyeux (un des aspects de l'Eau) que sur l'attirance de la richesse et le désir de respectabilité sociale (autres caractéristiques du monde de Jupiter).

Si, donc, on cherche un emploi parce que l'on est au chômage, ce n'est pas le chiendent qu'il faudra utiliser ; même contre-indication si l'on souhaite rencontrer un partenaire en amour.

En revanche, si l'on souhaite transformer sa vie professionnelle ou sentimentale, changer d'emploi ou de partenaire, alors cette plante, porteuse de fluctuations joyeuses, est tout à fait appropriée.

Chou

Le chou canalise des vibrations lunaires, aqueuses et aériennes (Yésod). Il agit donc dans le domaine gouverné par cette sphère : la femme, les grossesses, les enfants, le foyer et la vie de l'inconscient (rêves, attaques nocturnes...).

Son aspect élémental Eau le lie au plan éthérique et lui donne la capacité d'absorber les résidus éthériques négatifs rôdant autour des êtres humains. En d'autres termes, il protège de tous ces déchets invisibles mais nocifs.

On dit que le chou, en tant qu'aliment, purifie le sang. De même, il purifie l'éthérique humain et évite la formation d'ectoplasmes, phénomène pernicieux dont certains médiums sont victimes lorsque leur corps éthérique recèle quelque blessure. Tout ceci ne se voit pas, évidemment, avec les yeux du visage mais celui dont les facultés psychiques sont suffisamment développées le perçoit fort bien.

Conseil pratique : *Faites brûler du chou séché avec de l'encens de Lourdes ou de l'encens pontifical avant de vous coucher. Procédez de même dans la chambre de vos enfants.*

Si vous vous sentez dépressif sans motif précis, que vous ressentez comme un poids au niveau du plexus solaire et des fourmillements dans les jambes, brûlez de la poudre de chou, de l'encens ainsi que neuf bougies bleu pâle. Versez quelques gouttes d'essence de basilic sur un morceau de sucre ou une cuillerée de miel, et absorbez-les.

Citron

Le pouvoir du citronnier – et plus précisément de son fruit, le citron – est positivement extraordinaire. Vibrant sur la sphère lunaire, le citron détruit immédiatement toutes les vibrations négatives attachées à Yésod. On peut en faire le constat aussi bien au plan physique qu'au plan éthérique et psychique.

Le jus de citron est, en effet, réputé pour son action bienfaisante sur le foie, la vésicule biliaire et, en général, pour le drainage des impuretés de l'organisme. Il agit de même sur le plan éthérique, chassant littéralement les larves et autres entités du bas astral et de l'éthérique dense qui se greffent sur les humains sans que ces derniers s'en rendent compte. Ils réalisent un jour qu'ils sont malades sans connaître une des origines premières : mode de vie néfaste (consommation abusive de charcuterie et de viandes, d'alcool et de tabac), pensées négatives envers soi-même et les autres, émotions négatives (manque de confiance, pessimisme, etc.).

Savez-vous que l'on massait jadis les pieds des ivrognes avec du jus de citron ? On prétendait, en effet, que les démons de l'alcoolisme fuyaient devant le jus de cet agrume. L'occultiste ne sourira pas devant cette coutume parce qu'il sait que les énergies très négatives et les entités qui les gouvernent (les démons, si vous voulez) quittent le corps humain par les pieds. En ce sens, l'utilisation du jus de citron sur les jambes et les pieds paraît tout à fait justifiée.

Conseil pratique : Il est recommandé de boire du jus de citron, le matin à jeun, non seulement pour entretenir la santé physique mais surtout pour chasser les greffes astrales et éthériques maléfiques.

Coupez en deux un citron que vous aurez au préalable mis dans votre réfrigérateur. Frottez votre visage, votre cou, votre nuque, votre cœur, votre plexus solaire et votre nombril avec la partie vive. Prenez l'autre moitié de citron et frottez-en la paume de chaque main, vos jambes et la plante de vos pieds. Puis jetez le citron. Ne vous essuyez pas et laissez sécher le jus sur vous. Faites cela le soir avant de procéder à vos rituels habituels ou de prier et méditer.

Clou de girofle

Le giroflier et son fruit, le clou de girofle, bien connu en cuisine, sont de nature vénusienne et ignée.

Ils véhiculent donc le Feu et lorsque le Feu, circulant dans un être ou actif dans une situation donnée, manque d'équilibre, il apporte l'harmonie.

Il en est de même lorsque l'animosité pervertit les rapports humains et que la malveillance et l'acrimonie (Feu mal aspecté) grandissent dans des proportions gênantes.

Conseil pratique : Faites brûler des clous de girofle ou de la poudre de girofle avec de l'encens pur ou de Lourdes quand l'atmosphère est lourde de colère ou que vous souhaitez vous réconcilier avec quelqu'un.

Plusieurs pincées de poudre de girofle dans un bain attisent le Feu de l'aura et favorisent l'attraction sensuelle.

Cognassier

Le cognassier produit des fruits semblables à de grosses poires biscornues dont la confiture fait le délice des enfants.

Lié à la Lune, cet arbre protège les femmes si elles sont épouses (et non maîtresses), les enfants et le foyer.

Dans l'Antiquité, ses feuilles et ses fruits étaient offerts aux divinités protectrices du mariage, de la famille et de la progéniture.

Conseil pratique : *Faites sécher des coings et placez-les au centre de votre table familiale. Si l'harmonie de votre couple est menacée, brûlez quelques morceaux de ces fruits séchés avec de la lavande, de l'aubépine ainsi qu'une bougie bleu pâle.*

Si ce nuage conjugal provenait d'une mésentente sexuelle, mettez dans un plat des coings séchés et un peu de charbon de bois. Glissez celui-ci sous le lit de votre chambre. Laissez-le sept jours, puis jetez le tout dans un cours d'eau ou, si cela est vraiment impossible, dans la cuvette des toilettes.

Coïx

Cette plante donne des petits fruits de couleur grise et brillante. Véhiculant l'énergie de Saturne, siège des épreuves karmiques, ces boules sont également appelées « Larmes de Job ». Est-ce en souvenir de ce pauvre que Dieu plongea dans la plus noire des misères avant de lui faire grâce et de lui rendre ses biens ?

Ces « larmes », que Job a dû verser en abondance, canalisent en fait la protection saturnienne pendant les périodes difficiles, lorsqu'on implore la Miséricorde Divine pour que le fardeau soit allégé !

Ces petits fruits sont également nommés « Larmes du Christ » parce que le Sauveur, dans son immense amour pour les hommes, a demandé la pitié de Dieu.

L'usage veut que l'on fasse un collier de ces fruits pour le porter sur soi dans les temps difficiles.

Conseil pratique : *Si vous pouvez vous procurer des feuilles et des fruits du coïx, brûlez une boule et quelques feuilles pendant que fume l'encens de Jérusalem et que monte la flamme d'une bougie parme. Prononcez le vœu qui vous est le plus cher et a, semble-t-il, du mal à se réaliser. Implorez la rémission de vos fautes afin d'être exaucé.*

Concombre

Ces fruits longs, gorgés d'une eau apaisante, agrémentent nos salades d'été.

La Lune et son Eau lénifiante lui ont accordé le pouvoir de dissoudre la négativité et d'attirer la vie et la prospérité. Contrairement au citron, dont l'action est brutale, le concombre travaille en douceur mais avec une remarquable efficacité. Il combat la stérilité des femmes dans la mesure où celle-ci est due à une cause karmique et psychologique.

Conseil pratique : *Laissez s'évaporer le jus de morceaux de concombre pelés pendant que s'élèvent les fumigations de larmes ou de l'encens de Lourdes.*

Coriandre

Mars irrigue de son pouvoir de Feu cette plante épicée que l'on ajoute au sel et au poivre pour conserver les aliments.

Il s'agit là, cependant, d'un Feu martien élevé et non brutal, un Feu « éduqué » et non turbulent ; autrement dit, en termes de Kabbale, il s'agit du Feu de Briah, de la sphère de Guéburah et non de celui, plus dense et plus violent, de Yetzirah de la même Séphira. C'est un Feu conquérant, donc, mais « sage ».

Ceci implique des propriétés précises que la Tradition nous a transmises avec toutes leurs efficiences.

L'élément Feu, gouvernant le mental, agit brillamment à travers cette plante.

Son usage, en magie, permet d'aiguiser l'intelligence, de rétablir l'équilibre igné imparfait dans la tête, les yeux, le système nerveux (dans son aspect Feu, l'Air réagira automatiquement). L'abus de la coriandre peut provoquer des hallucinations et ceci démontre, connaissant le jeu des éléments dans le corps humain, que le Feu est concerné.

Le Feu de la coriandre peut allumer les passions amoureuses où le physique tient une grande part. Si on le mélange à du cumin et à du poivre, il enflamme les tempéraments les plus récalcitrants.

Conseil pratique : *Lorsque vous désirez fortement une chose concrète (un objet ou l'argent d'un contrat), utilisez de la coriandre.*

Cumin

Le cumin a les qualités du Feu martien. Se reporter aux plantes de même nature (agave, ail, caroube, chardon béni, chicorée, coriandre, vétivier).

Curcuma

Cette plante asiatique, d'essence solaire, se présente sous la forme d'une poudre jaune moutarde. Le Feu, l'Air et l'Eau y vibrent en harmonie.

Les fumigations de curcuma purifient l'atmosphère, élèvent par conséquent les vibrations et permettent ainsi la pratique de rituels d'adoration.

En Inde, à Java ou en Malaisie, dans le cadre d'une belle cérémonie, on dilue le curcuma dans de l'eau salée et on en asperge les lieux et l'assistance.

Conseil pratique : *Les fumigations de curcuma, exacerbées par les effluves de l'encens (pur ou pontifical), de myrrhe et d'acacia, ou encore d'angélique, savent parfaitement consacrer un lieu de prière et de rituel solaire (demande d'harmonie, de paix, de guérison, etc.).*

Cyclamen

Bien que ses fleurs au parfum sucré évoquent Vénus et ses amours enflammées, le cyclamen canalise l'Eau d'une Lune douce et propice aux durables affections du foyer.

Comme le cognassier, le cyclamen sera bénéfique pour provoquer un mariage et préserver le couple et ses enfants.

Conseil pratique : *Lorsque la saison le permet, ayez dans votre chambre à coucher un bouquet de cyclamens frais.*

Le parfum du cyclamen apaise les passions et révèle l'aspect tendre et profond d'une relation sentimentale.

Cyprès

Malgré la symbolique phallique attachée à cet arbre conique, élancé et extrêmement fécond, il ne faut surtout pas se méprendre : le cyprès ne véhicule aucune vibration érotique !

Canalisant l'énergie de la sphère de Saturne, il représenta très tôt le monde des morts et on lui attribua les sites funéraires. Sa forme agit telle une antenne ou un obélisque capteur destiné à relier les défunts aux vivants.

En Grèce, à Babylone et en Perse, le cyprès était particulièrement vénéré ; son caractère sacré avait été perçu par les hommes.

En Égypte, son bois était celui des cercueils et les Hébreux en portaient quelques morceaux sur eux lors de funérailles, pour apaiser la douleur de l'assistance et appeler vers le défunt les vibrations propices au grand « passage ». Ainsi était captée l'énergie de Shabbataï, le Grand Repos.

Un bâton de cyprès, façonné selon certains rites, servait à soulager les patients de maladies saturniennes : problèmes osseux, paralysies.

L'aspect Terre-Eau de Saturne agit par le moyen de cet arbre : il purifie, apporte la paix et recouvre momentanément d'un manteau d'oubli les souffrances et les charges karmiques des hommes.

Conseil pratique : *Il faut absolument comprendre que les vibrations du cyprès, exaltées par le feu lorsque l'on fait des fumigations, nécessitent que l'opérateur ait conscience de la sphère de Binah (Saturne). Les grands justiciers de notre univers, que la Tradition appelle « les Seigneurs du Karma », y résident. Chaque être humain naît avec un fardeau plus ou moins lourd et a recours à ces Grands Justiciers, sans le savoir, lorsqu'il souhaite changer* *son existence par des pratiques magiques et d'autres prières. Nous aborderons cette question plus en détail dans la seconde partie du livre.*

Notons déjà, cependant, que le cyprès permet de demander la clémence afin que nous soyons soulagés d'une partie de notre pénible charge en cette vie ou que l'on nous aide à mieux la porter.

Le cyprès doit être utilisé le samedi, en même temps que sont allumées des bougies parme ou violettes.

Damiana

Vénusienne, porteuse de Feu, la damiana est utilisée en bains et en fumigations pour attirer l'amour et faire revenir l'être aimé.

Contrairement à la cannelle, elle vibre sur les plans denses de la sphère vénusienne (Yetzirah de Netzah) et a une action sur les désirs charnels en donnant aux relations une connotation plus érotique qu'affective.

***Conseil pratique :** Faites brûler de la damiana le vendredi en lune montante, et allumez une bougie rose (rose vif) pour attirer vers vous la personne désirée.*

Ébène

Chacun connaît ce bois noir et précieux avec lequel on confectionne de si beaux meubles.

La Lune et l'Eau gouvernent les vibrations de l'ébène. Aussi a-t-il été considéré comme le protecteur du sommeil, son rôle consistant à chasser les invisibles visiteurs de la nuit. D'ailleurs, autrefois, on taillait souvent des berceaux dans ce bois.

Conseil pratique : Un petit morceau de ce bois, chargé selon l'art des mages, constitue une excellente amulette de protection et d'éloignement des forces négatives.

Érable

Certes, on connaît le sirop dont sont friands nos amis québécois. Il ne faut pas pour autant ignorer son pouvoir essentiellement jupitérien, bienfaisant dans tous les domaines régis par cette sphère : travail, élévation sociale, protection, faveurs.

Conseil pratique : Utilisez l'érable de la même façon que les autres plantes liées à Jupiter (aigremoine, chèvrefeuille, chiendent, jacinthe, patience, salsepareille, tilleul).

Estragon

Cette variété de l'armoise est vénusienne donc son Feu apporte la passion, attise les amours et allume les sens.

L'estragon entre dans la composition des aphrodisiaques et des charmes amoureux.

Conseil pratique : L'estragon sera utilisé pour provoquer la passion et enflammer le désir sensuel, comme toutes les plantes vénusiennes aux vibrations denses (par opposition à l'aspect élevé de Vénus, dont le meilleur exemple est la cannelle).

Eucalyptus

Plante merveilleuse porteuse de guérison, l'eucalyptus agit fortement sur l'élément Air (et non sur l'élément Eau, comme on l'a dit à tort).

L'eucalyptus, aux racines si avides d'eau qu'elles peuvent assécher un marécage, canalise la sphère solaire.

Cette structure lui permet d'agir efficacement sur tous les problèmes dans lesquels l'Air est perturbé : son Feu entre en activité et l'Air se purifie.

Les effets de l'eucalyptus sur les poumons et les voies respiratoires, parties du corps humain gouvernées par l'Air, sont remarquables. Mais la plante agit également sur le système nerveux où règnent l'Air et le Feu.

L'usage magique de l'eucalyptus appelle la protection, l'harmonie, la guérison. Vibrant sur la Yetzirah de Tipheret plus que sur Briah, c'est la vie manifestée (la guérison) qui la concerne et non l'élévation spirituelle comme l'acacia. Néanmoins, les fumigations d'eucalyptus purifient les lieux et les rendent propices au sommeil et à la prière.

Conseil pratique : *Faites brûler de l'eucalyptus avec de l'encens pontifical et de l'angélique devant le portrait du malade (ou à défaut, un carton sur lequel le nom de celui-ci est écrit au crayon) pendant que se consume une bougie orange.*

Euphraise

Le Soleil et sa lumière donnent à l'euphraise le pouvoir de purifier la vision psychique.

Conseil pratique : *Pour développer vos dons de voyance, appliquez tous les soirs sur vos yeux des compresses d'eau distillée tiède mélangée à du jus d'euphraise.*

Fenouil

Mercurienne et aqueuse, cette plante de la famille des ombellifères fortifie les facultés mentales, protège le commerce et attire l'argent.

Pour accroître son pouvoir, il est bon de lui ajouter de la manne (liée aux esprits de la Terre donc aux biens matériels) ainsi que du gui ou de la salsepareille.

Conseil pratique : Porter sur soi de la poudre de fenouil avec un peu de sel est un excellent moyen pour rétablir une situation financière aléatoire.

Fenugrec

Cette plante à l'odeur forte et agréable est liée à Yésod (Lune, Eau et Air).

Son action est remarquable dans le domaine de la famille où elle fait régner la paix et surtout la prospérité matérielle.

De là vient sans doute sa réputation d'efficacité qui permet d'éviter les ennuis d'argent.

Conseil pratique : Le lundi, utilisez le fenugrec en fumigations, en faisant brûler une bougie bleu pâle. Ceci éloignera les perturbations du foyer.

Si vous souhaitez que la prospérité rayonne sur toute la famille, faites brûler du fenugrec avec une bougie verte.

Si aucun problème particulier ne vous préoccupe, placez un bol contenant du fenugrec dans la salle à manger ou dans la cuisine ; choisissez un endroit discret, mais obligatoirement orienté à l'ouest. Changez le contenu chaque semaine en jetant la poudre utilisée dans l'eau courante.

Figuier

La Lune et ses pouvoirs de fécondité rendent cet arbre très utile dans toutes les cérémonies intéressant le foyer, la fertilité et les enfants.

Fougère

On trouve mentionnées dans les grimoires trois espèces de fougères : les plus connues sont la fougère à aigle et la fougère mâle et leurs propriétés sont semblables.

La légende voulait que cette plante solaire, ignée et aérienne permît d'obtenir l'invisibilité. Toutefois, la tradition nous a surtout transmis sa capacité à ouvrir les plans spirituels.

En Russie, par exemple, on la faisait brûler dans des braseros lors de la nuit de la Saint-Jean afin de débloquer la vision psychique et de voir enfin des êtres divins et les merveilles du Créateur, ordinairement cachées à l'œil humain.

Le rayonnement de cette plante est immense : il provoque la renommée et la reconnaissance du talent par autrui, la grandeur et la gloire.

Conseil pratique : Si vous vous sentez incompris et mal à l'aise dans un environnement hostile à votre épanouissement, faites brûler de la fougère, qu'elle soit d'aigle ou mâle, avec de l'encens pontifical et du gui. Vous serez surpris de voir changer vos conditions d'existence et s'offrir à vous des opportunités qui vous conduiront, sinon au sommet de la gloire, tout au moins à une position beaucoup plus confortable pour votre personne et vos qualités. La chance, aussi, montrera le bout de son nez et vous le fera savoir par des bienfaits jusqu'alors inconnus.

Fraisier

Le fraisier et ses délicieux fruits canalisent l'énergie vénusienne et lunaire.

On prétend que cette plante protège le fœtus et les femmes sur le point d'accoucher, en diminuant les douleurs de l'enfantement.

> ***Conseil pratique :*** *Le fraisier aide également à apaiser les amours turbulentes. Utilisez-le comme la plupart des plantes lunaires.*

Framboisier

Il a les mêmes propriétés que le fraisier.

Frêne

Voir Manne dans la rubrique « Encens », p. 37.

Fumeterre

Cette plante saturnienne protège contre les envoûtements et s'utilise après des envoûtements ou lors d'exorcismes.

> ***Conseil pratique :*** *Si vous voulez dégager certains lieux en profondeur, faites brûler de la fumeterre avec de l'encens pur ou pontifical et un petit morceau de camphre.*

Gardénia

L'exquis parfum qui s'exhale de ses fleurs est, comme l'acacia, l'émanation de Tipheret. Elle favorise ou provoque l'amour pur, durable, de qualité ainsi qu'une créativité très lumineuse.

Conseil pratique : La sphère solaire gouverne cette plante et, qu'elle soit plantée dans un jardin ou en bouquet dans la maison, elle apporte chance et protection.

Genévrier

Le Feu et l'Air solaires dirigent les pouvoirs du genévrier. On raconte qu'un genévrier hospitalier ouvrit ses branches pour cacher la Vierge et l'enfant Jésus fuyant les soldats d'Hérode. Cette plante offre d'ailleurs la protection et la chance, comme toutes les plantes de Tipheret.

Conseil pratique : Ses liens avec Mercure-Hod activent les rentrées d'un argent mercurien.

Gentiane

Cette plante est porteuse d'un Feu protecteur des amours et des enchantements qui vient de Vénus.

Conseil pratique : On l'utilise en bains d'amour et on la brûle dans des rituels destinés à attirer un être aimé.

Très efficace contre les envoûtements d'amour, elle voit sa puissance encore exaltée si on la mêle à l'angélique et à l'anémone.

Géranium

L'excellente habitude de décorer les balcons de pots de géranium ou d'en garnir les jardins n'est pas exempte de sens magique.

En effet, le géranium canalise le Feu de Vénus. Mais sa structure fait qu'il joue davantage un rôle de protection que d'attraction amoureuse.

La seule présence de géranium est source de bienêtre car ses vibrations éloignent les influences négatives.

Conseil pratique : *Ne manquez pas d'orner vos balcons de ces belles fleurs rouges !*

Germandrée

De la famille des chênes, la germandrée a la faculté très particulière d'attirer les vibrations positives. Elle joue, parmi les plantes, le rôle d'aimant.

Conseil pratique : *L'expérience prouve que si on l'associe à toutes les demandes, le résultat en est fortement amélioré.*

Gingembre

Ses racines au goût fort, à la fois piquant et sucré, sont irriguées par le Feu.

D'ailleurs, la réputation du gingembre comme aphrodisiaque n'est plus à faire, et il est vrai que, consommé régulièrement, il stimule les appétits sexuels.

Il agit sur l'Eau négative et permet ainsi la guérison de maladies dont la cause est, en termes d'éléments, une Eau malsaine. Dans certaines îles du Pacifique, notamment l'île Dohu, le magicien du clan calme la tempête en crachant un morceau de gingembre mâché en direction de la mer. Il utilise l'action du gingembre sur l'Eau, d'autant plus efficace qu'il a auparavant créé une « charge » en mastiquant la plante et en l'imprégnant de ses propres émanations (les éléments de l'Eau doivent normalement reconnaître son pouvoir).

Conseil pratique : À utiliser lorsque, pour obtenir un résultat, on a besoin de force.

Ginkgo

Les feuilles en éventail du ginkgo, l'arbre sacré des Chinois, riches et éclatantes, laissent deviner un pouvoir certain. Il appartient, comme le chêne, le ginseng et la mandragore, à la sphère terrestre (Malkhut) et canalise les quatre éléments avec une dominante Terre.

Surnommé « l'arbre aux 40 écus », il apporte essentiellement la renommée, les biens de toutes sortes et la richesse financière.

Conseil pratique : Ajoutez toujours au ginkgo de la manne et du gui pour attirer rapidement l'argent, mais jamais de plante vénusienne ou martienne.

Ginseng

Tout le monde connaît le ginseng, ne serait-ce que parce que les pharmacies en Europe, à coups de vitrines publicitaires ou d'affichettes, ne cessent de vanter ses mérites.

Cette racine, par laquelle beaucoup remplacent la mandragore, porte en elle les vibrations des quatre éléments car elle est source de chance, de santé, de vitalité et de puissance sexuelle. Elle est surtout renommée comme aphrodisiaque à cause de la vigueur qu'elle procure.

Conseil pratique : Écrivez votre souhait à l'encre de Chine rouge sur une feuille de papier ; passez-la dans les fumigations de manne et d'encens pur ou pontifical ; humectez-la de votre salive puis enterrez-la avec la racine de ginseng (si vous en trouvez, bien sûr, car il ne s'agit pas de la remplacer par des gélules !).

Gui

Cette plante parasite s'accroche aux pommiers, aux peupliers, très rarement aux chênes ou aux châtaigniers.

Ses boules contiennent un liquide collant et blanchâtre de nature magnétique dont les propriétés bénéfiques sont immenses. Mercure et son Eau de sagesse et de prospérité gouvernent le gui, ainsi que Chesed *via* Tipheret-Soleil.

On sait l'importance que druides et Gaulois lui accordaient dans leurs cérémonies et l'usage qu'ils en faisaient chaque année. Le gui est en tout point comparable au basilic.

Les Grecs et les Romains le vénéraient comme une manifestation exceptionnelle de Zeus, et savaient comme sa présence dans une habitation était synonyme de chance.

> ***Conseil pratique :*** *Régulièrement, pour ne pas dire chaque jour, faites monter vers le ciel ses fumées un peu âcres, mêlées à de l'encens pur ou pontifical, qui attireront de façon spectaculaire la paix, le bonheur, la prospérité et la santé.*

Guimauve

La guimauve apportera à vos rituels une protection contre les entités malveillantes du plan astral. Les éléments Eau et Air de la sphère lunaire sont associés pour cette défense.

> ***Conseil pratique :*** *Faites brûler des feuilles de guimauve avant des séances de voyance.*
>
> *Suspendre un bouquet de guimauves, les queues en l'air, constitue une excellente protection de la maison. Si l'on veut attirer la chance, on peut y ajouter du gui.*

Héliotrope

On dirait que son nom est plein de soleil (*Hélios* en grec signifie « soleil ») et ce serait juste, semble-t-il, car il recèle les pouvoirs des plantes solaires dont la lumière disperse les illusions, accroît les possibilités d'acuité mentale, apporte la chance, la guérison et la protection de la sphère de Tipheret.

Conseil pratique : Utilisez-le en fumigations avec de l'encens pur ou pontifical.

Allumez en même temps une bougie or pour demander aide, chance et, le cas échéant, guérison.

Hêtre

Voici un arbre saturnien qui procurera la paix et le repos après les épreuves et la clémence des Cieux pendant les périodes difficiles.

Conseil pratique : À utiliser comme les petits fruits gris et nacrés de coïx.

Hysope

Ignée, solaire, aérienne, cette plante a de grands pouvoirs de purification.

Les Hébreux se baignaient dans de l'eau fraîche où ils avaient versé des feuilles d'hysope.

Conseil pratique : Portez sur vous de la poudre d'hysope, dans un petit sachet de toile blanche. Elle dégagera votre aura et vous offrira une très bonne protection contre les forces négatives.

La purification devient plus intense si vous utilisez des feuilles d'hysope en fumigations ou en bains.

Iris

Lunaire, aqueux et aérien (Yésod), l'iris est, comme le lys, le canal de la plus haute vibration de la sphère Briah.

Cette plante dégage et purifie les émotions en en chassant les vibrations d'égoïsme, de peur et de violence. Sa nature l'apparente à la Vierge ; à Rome, elle était une des rares plantes que les vestales avaient l'autorisation de toucher.

Conseil pratique : Brûlez de l'iris près des malades, des femmes enceintes, des enfants et ajoutez-y un petit morceau de camphre avant d'emménager dans une nouvelle maison.

Jacinthe

Jupiter et son Eau protectrice donnent à cette belle plante le pouvoir de s'élever sur le plan social.

S'il est dit qu'elle accorde la protection de femmes haut placées, ce n'est pas à cause de ses quelques qualités vénusiennes mais parce que Chesed maintient le Feu de Netzach et oriente ainsi ses vibrations.

Jasmin

Le jasmin blanc de nos contrées est enrichi par des greffes du « jasmin aux grandes fleurs », originaire d'Extrême-Orient.

Ses fragrances sucrées et entêtantes distillent lentement l'envoûtement d'amour sur les âmes sensibles.

Vénusienne et ignée, la plante semble brûler les cœurs et son usage essentiel vise à créer le désir et à provoquer des liaisons amoureuses.

Agissant fortement sur le psychisme, elle hypnotise d'une certaine façon ceux qui ont déjà quelques dons de voyance et une certaine réceptivité aux mondes invisibles. La médiumnité est favorisée par l'arôme intense de ses fleurs fraîches ou les vapeurs des fumigations.

La senteur suave, respirée un soir d'été, alors que la lune monte, peut provoquer des rêves prophétiques et… des excès langoureux !

Conseil pratique : Fraîches ou séchées, ses fleurs aident à la manifestation des facultés psychiques. Faites brûler en même temps une bougie rose.

Pour toutes les cérémonies dites « de retour d'affection », il sera bon d'y adjoindre de la myrrhe, de la rose pâle et du gui ou de la germandrée.

Jusquiame

Il y a différentes espèces de jusquiame : la jusquiame noire (très dangereuse), la jusquiame aux fleurs blanches et la jusquiame datura dont on extrait un suc, une sorte de café, qui a la propriété de stimuler les centres psychiques (chakras) et de faciliter les voyages astraux.

Les Arabes et les Égyptiens ont souvent fait usage de la jusquiame pour des transformations psychiques. Mais la plupart des populations du globe l'ont plutôt évitée, à cause de ses effets qui deviennent rapidement nocifs lorsqu'ils sont peu ou mal contrôlés.

Liée à Neptune et canalisant le magnétisme universel (l'Eau), elle agit sur Mercure-Hod, puis sur la LuneYésod. De là résultent ses capacités d'action sur le plan astral et le psychisme humain.

Conseil pratique : *Il n'est pas conseillé d'utiliser la jusquiame. Car même avec des invocations saines et divines, même avec le secours de l'encens, il faudrait, pour en tirer des bénéfices, que l'opérateur possède une structure absolument stable et purifiée.*

Laurier

On connaît l'expression « dormir sur ses lauriers ». Mais d'où vient-elle ?

Ces feuilles d'un si beau vert, lancéolées, ont commencé à couronner le front de dieux et de héros avant de symboliser le succès remporté par l'intelligence. En effet, le *baccalaureatus*, celui qui est orné de baies de laurier, a donné le nom au diplôme que nos lycéens espèrent. Le mot « lauréat » désignait d'abord la couronne de laurier offerte aux poètes et aux artistes pour primer leurs œuvres. Puis, par métonymie, il a désigné la personne de talent ès qualités.

La plante est d'essence solaire. Elle glorifie plus l'intelligence que le courage physique et favorise tout ce qui a trait au domaine régi par le Soleil (Tipheret). Ainsi l'utilise-t-on pour acquérir une vision claire et sans ombre de l'avenir (haute voyance sans image). D'où le comportement des prêtresses d'Asclépios qui mâchaient des feuilles de laurier et en inhalaient les fumigations, non pour réaliser des prophéties mais pour déterminer la cause exacte de maladies qui devaient ensuite être soignées.

Conseil pratique : Lorsque votre environnement vibratoire se densifie, qu'il recèle probablement des entités négatives, faites brûler des feuilles de laurier. Ajoutez du thym, du sel et de l'encens : les effets sont alors immédiats et les lieux se dégagent.

L'usage régulier assurera une excellente protection.

Lavande

La lavande a la merveilleuse propriété d'être le canal de plusieurs sphères cosmiques et d'offrir par voie de conséquence des bienfaits insoupçonnés.

Traditionnellement attribuée à Mercure, elle véhicule en premier Saturne-Binah et ceci ne nous surprend pas lorsque l'on examine l'Arbre de Vie kabbalistique.

En effet, Binah, régente du Pilier de Gauche (Eau), lançant une grande part de ses énergies sur Hod-Mercure (le passage par Guéburah-Mars marque l'aspect passif de l'Eau sur ce Centre), et de Mercure, la force se dirige harmonieusement vers la Lune-Yésod. La lavande porte ce circuit inscrit en elle.

On comprend alors pourquoi cette plante règne en maîtresse dans tous les rituels où l'aspect MÈRE de l'Univers est évoqué : rituels isiaques aux pouvoirs immenses et aux conséquences bénéfiques infinies !

Son utilisation magique à travers les siècles démontre qu'elle possède bien ces propriétés sans toutefois que les hommes en aient tout à fait compris sa structure réelle. Certes, ces qualités étaient pressenties, puisque les vœux d'amour tendre se formaient toujours devant un bouquet de lavande qui avait la réputation d'apporter la douceur et la sincérité dans les rapports conjugaux.

Dans les pays méditerranéens où l'époux a encore plein pouvoir sur sa femme – dont celui de la frapper –, les malheureuses épouses recouraient et recourent encore à la lavande pour endiguer la violence maritale.

La lavande est également très bénéfique aux enfants, très liés à leur mère par les lois de la Nature, en les protégeant et en leur apportant un environnement agréable sur le plan des émotions et propice à leur épanouissement et à leur croissance.

La lavande nettoie donc les astralités humaines, efface les angoisses, favorise l'aménité, la douceur, restructure profondément un psychisme délabré et permet un sommeil apaisé.

Conseil pratique : *Elle entre dans la composition d'onguents destinés à guérir des plaies éthériques.*

Boire chaque jour quelques gouttes d'essence de lavande, en asperger la chambre à coucher est un remède à bien des maux de nature occulte.

Ses émanations attireront dans le foyer des énergies de joie, d'entente et de paix.

La lavande constitue, avec le basilic, l'ingrédient de base de toute demande de guérison.

Si vous voyez que de gros nuages noirs s'amoncellent au-dessus de votre couple ou que vous voulez calmer la violence latente de votre partenaire (qu'il s'agisse d'un homme ou d'une femme), ajoutez à votre eau de toilette ou à votre parfum habituel quelques gouttes d'essence de lavande.

Son action est aussi remarquablement efficace auprès des nouveau-nés, des malades et des mourants.

Lierre

Parmi les plantes, on peut considérer le lierre comme un vampire, à qui Saturne n'a pas légué ses attributs positifs !

Si les Grecs l'ont fait pousser en bordure des vignes, c'est parce qu'il rampe près des pampres pour « les vampiriser » !

> ***Conseil pratique :*** *Le lierre ronge littéralement la chance et la fortune. Il est donc recommandé de l'arracher des murs extérieurs lorsqu'il s'y incruste et de ne pas en avoir chez soi, en pots.*

Lin

Solaire et igné, le lin a reçu de la tradition les attributs liés à cette sphère et à cet élément.

Il harmonise, nettoie, purifie, revigore le mental et favorise ainsi la voyance pure.

Les fêtes magiques de la Saint-Jean, qu'elles se situent en Finlande, en Italie, en Russie ou aux Antilles, nous confirment ces qualités.

Nous ne tiendrons pas compte des pratiques magiques répertoriées qui sont davantage fondées sur un « sentiment » des propriétés du lin que sur une connaissance avérée.

En revanche, il est certain que cette plante, en raison de ses qualités solaires, offre le matériau le plus adéquat pour tisser les tuniques rituelles. D'ailleurs, les Esséniens portaient de belles robes de lin dont la blancheur et le dépouillement les avaient fait surnommer « les hommes en blanc ».

Conseil pratique : *Si vous souhaitez développer vos capacités psychiques et vos dons de voyance, brûlez du lin avec de l'angélique, de l'acacia et de l'encens pur ou pontifical. Allumez en même temps une bougie or ou jaune.*

Lotier corniculé

Plus connu sous le nom de lotus, le lotier est une plante essentiellement lunaire et aqueuse. Elle véhicule un plan cosmique élevé (Briah) par rapport à la sphère cosmique Yésod-Lune. Ainsi était-elle utilisée dans tous les rites initiatiques tendant à nettoyer le psychisme et à en exalter le meilleur, en offrande à Dieu.

Le lotier corniculé développe les dons de voyance par image (ne pas confondre avec la haute voyance, sans image, dépendant des plans solaire et mercurien), c'est-à-dire par la lecture astrale.

On comprend, bien sûr, qu'il faille être purifié pour éviter les erreurs.

Conseil pratique : *Il faut l'utiliser dans les séances de voyance où la boule de cristal est le support ; les fumigations de lotier créent une atmosphère propice. Par ailleurs, si vous immergez pendant une heure votre boule de cristal dans une décoction de lin, vous éloignerez d'elle les présences éthériques et psychiques indésirables.*

Lys

Magique par excellence, cette fleur n'avait pas été choisie par hasard par les rois de France pour orner leur blason.

On vénère traditionnellement la Vierge Marie par une offrande de lys et toute l'imagerie, depuis des siècles, la représente tenant cette fleur à la main droite.

La croyance bien ancrée est que le lys représente la pureté. Au Moyen Âge, elle était classée parmi les « herbes virginales » qui incluaient aussi bien la rose que la menthe.

Il ne faut pas écarter la notion de pureté, mais il ne faut pas comprendre la virginité comme l'absence de relations sexuelles. La virginité ésotériquement attribuée au lys est celle de l'être entier, de sa structure complète : mentale, psychique, éthérique et physique. Cette virginité-là, la vraie du point de vue occulte, est beaucoup plus difficile de l'atteindre que de conserver l'autre ; elle concerne les hommes autant que les femmes. Lorsque l'on atteint cette pureté profonde de l'être qui procure la maîtrise sur les quatre éléments, on obtient le pouvoir sur terre, un pouvoir vrai et étrangement efficace.

Les premiers rois de France avaient donc été bien conseillés par des mages, comme cela se faisait en ce temps-là, et ils se mirent à régner sur « le Pays des lys », depuis toujours voué à la Vierge. Fut-ce l'influence de la fleur ? En tout cas, « les rois des lys » réussirent à unifier leurs terres en un vaste royaume uni alors qu'alentour, des seigneurs se disputaient encore sur des terres morcelées.

Conseil pratique : *La présence de fleurs de lys dans une maison est gage de protection. Elles dénouent les nœuds karmiques et apportent la grâce, favorisant la réalisation des vœux et écartant les épreuves.*

Si vous aspergez vos vêtements d'essence de lys, vos centres psychiques seront purifiés et vous serez aidé à garder une abstinence sexuelle.

Si vous pratiquez la voyance, placez des lys près de vous dans un vase et usez d'essence de lys, vous vous couperez ainsi de vos propres impuretés et de celles que charrie le consultant. Votre voyance sera plus sûre.

Mandragore

Est-il nécessaire d'enfler encore le flot d'encre qui a coulé au sujet de cette racine ? Elle a tant déchaîné les imaginations et troublé les esprits que l'on n'arrive plus à savoir si elle est bénéfique ou maléfique et même si elle existe réellement.

Les textes de la Bible, ceux de Pline et jusqu'à certains écrits de Shakespeare prétendent que c'est un exploit de la posséder car, si on l'arrache à la terre, la mandragore souffre tant qu'elle pousse un cri horrible entendu à dix lieues à la ronde. Pour éviter les conséquences funestes d'un tel acte, il est indispensable de détourner le mauvais sort sur un être vivant – autre que le chercheur, bien sûr –, un chien par exemple qui aurait été la détecter et la déterrer.

Ces récits peuvent faire sourire, mais ils ne laissent pas indifférent tant il est difficile de faire la part exacte entre procédés et superstitions.

Le grand public aura probablement tendance à rejeter ce qui paraît être une fable, et on peut le comprendre dans la mesure où, jusqu'à présent, les lois gouvernant la magie et les Lois Universelles lui ont été soigneusement cachées.

La mandragore est régie par des entités élémentales de Terre très puissantes car ses racines ont une fonction psychique et surtout éthérique extrêmement importante. En réalité, la mandragore accomplit au bénéfice de tous les humains une « mission » au plein sens du terme, car de cette activité dépend une partie de l'équilibre des éléments agissant dans la terre (la croûte terrestre).

Il nous est difficile de nous étendre sur le travail occulte de la mandragore. Nous pouvons cependant indiquer que le Feu central de notre planète est concerné, que ce travail y participe dans un aspect éthérique et psychique et que le centre appelé « mulhadra chakra », siège du Feu de la kundalini dans l'être humain, est également impliqué. Ce n'était donc pas pour enrichir les contes destinés aux enfants qu'il était dit qu'elle réveillait « le Grand Dragon »...

L'observation principale que l'on peut faire est que la mandragore n'est pas destinée à être utilisée par n'importe qui, et surtout pas au bénéfice d'un individu ou d'une famille. Sa « mission » est le bien collectif. Si on veut la détourner pour un intérêt individuel, l'expérience prouve que la manipulation peut être dangereuse et que le bénéficiaire se voit toujours demander une compensation.

Toutes les plantes ont une mission collective mais chacune peut ou « est autorisée » à porter secours aux individus en particulier. Le cas de la mandragore paraît particulier, encore que si l'on s'en sert pour calmer la douleur physique, aucune compensation ne sera demandée par l'esprit-groupe.

La rechercher pour attirer les richesses comporte un risque certain (il est vrai qu'elle peut en donner à profusion). Mieux que les richesses, elle peut octroyer un pouvoir immense, la célébrité, la gloire...

Si ces richesses étaient nécessaires pour une œuvre de bienfaisance, la mandragore agira et la compensation sera la suivante : dans un premier temps, il y aura perte d'argent comme si la plante en attirait une quantité pour « flairer » votre argent et connaître votre propre vibration liée à l'argent (en somme, il lui faut un « témoin »). Puis elle rendra ensuite cet argent plus abondamment, afin qu'il soit distribué à autrui. Vous pourrez en garder pour vous une partie raisonnable.

La même loi fonctionne si c'est le pouvoir ou la gloire qui sont recherchés.

Conseil pratique : *Nous ne donnerons pas de conseils pratiques au sujet de la mandragore et nous espérons que les lecteurs ne se laisseront pas abuser par les livres qui vantent son usage. La nature, souvenezvous-en, a mis à la disposition des êtres humains beaucoup d'autres plantes qui peuvent leur apporter les bienfaits matériels désirés.*

Marguerite

Ce n'est pas par hasard si l'on effeuille la marguerite pour évaluer l'intensité d'un amour…

Solaire, rayonnante, la marguerite canalise l'amour vrai et pas seulement l'attraction des sens, éphémère et changeante.

Offrir des marguerites, lorsque nous sommes amoureux, n'est pas un geste innocent. Par ce cadeau, nous donnons à la personne aimée un support magique très efficace de nos sentiments. Nous appelons ainsi son amour et nous le renforçons.

Conseil pratique : *La marguerite et la rose sont les meilleures ambassadrices magiques du cœur. « Chargez » bien les fleurs avant de les offrir.*

Marjolaine

Cette belle plante canalise l'élément Eau de la Lune.

Outre ses propriétés médicinales, elle neutralise les courants de nature électrique, ceux qu'émet la pensée. C'est sa principale utilisation en magie.

Nous pouvons donc l'utiliser pour nous protéger des pensées négatives que nous enverraient des personnes mal intentionnées.

Conseil pratique : *Lorsque vous doutez de la qualité de vos relations avec autrui ou que vos soupçons portent sur quelqu'un de bien déterminé, brûlez de la marjolaine, de la rose pâle et de la myrrhe. Votre champ vibratoire sera immédiatement dégagé à condition de ne pas émettre à votre tour de mauvaises pensées car, alors, celles d'autrui seraient rejetées mais les vôtres reviendraient vers vous avec la sûreté d'un boomerang !*

Maté

Encore appelé « thé du Paraguay », le maté est de nature vénusienne et ignée. Il véhicule le Feu du plan dense de Vénus-Netzach, Yetzirah, ce qui lui donne le pouvoir de restaurer la vitalité, *via* la rate. En même temps, l'alimentation énergétique qu'il apporte calme la faim.

En raison de cette vitalité restaurée, on lui a attribué des propriétés aphrodisiaques. Mais, de toute évidence, une bonne santé inclut une bonne sexualité, avec ou sans stimulant !

Conseil pratique : *Le maté est quasiment un remède d'entretien. Boire beaucoup de maté (vendu dans les maisons de produits diététiques) est un gage de santé : c'est un excellent stimulant des facultés mentales et un bon rempart contre la dépression psychique, souvent due à une vitalité insuffisante.*

Brûlez du maté en même temps que sept bougies vertes en demandant aux puissances bénéfiques de donner, à vous-même ou à ceux que vous aimez, la vitalité et la joie.

Cette vitalité nouvelle peut faciliter le développement des facultés psychiques, mais l'action du maté est insuffisante à elle seule.

Matricaire

Solaire, ignée et aérienne à la fois, la matricaire est un excellent condensateur des fluides.

Elle vibre sur le plan dense de la sphère Tipheret-Solaire (Yetzirah), capable donc de garder, de fixer en elle les vibrations qu'on lui envoie par l'emploi d'autres plantes.

Conseil pratique : *Il faut l'utiliser, comme l'oranger, pour toutes les demandes et avec toutes les plantes.*

Mauve

Pythagore en recommandait l'usage car il estimait la mauve bienfaisante. En effet, selon les Anciens, cette plante enlève de la densité en octroyant détachement et sérénité.

Lunaire, son Eau purifie, favorise les rêves clairs et prémonitoires.

Conseil pratique : *Comme toutes les plantes lunaires, utilisez-la pour la stabilité des sentiments et l'harmonie du foyer ainsi que pour protéger des influences éthériques et astrales.*

Mélisse

Elle possède les mêmes propriétés et les mêmes usages que les plantes lunaires.

Menthe

La menthe verte, la menthe poivrée, la menthe des champs, la menthe aquatique… comptent parmi les nombreuses espèces de cette plante mercurienne.

On connaît depuis des temps très reculés sa puissante action sur le système nerveux et le psychisme perturbé.

Par ailleurs, elle offre une purification intense dans les lieux lourdement chargés.

> ***Conseil pratique :*** *Absorbez quelques gouttes d'essence de menthe sur un sucre lorsque vous vous sentez irrité et que votre sommeil est agité.*
>
> *Si la qualité vibratoire d'un lieu vous inquiète, remplissez un seau d'eau, jetez-y trois grosses poignées de sel de mer. Puis versez une trentaine de gouttes d'essence de menthe et, avec le mélange obtenu, aspergez le lieu en ayant soin de bien cerner la pièce, le long de chaque mur. Placez quelques gousses d'ail épluchées dans une assiette et déposez celle-ci à côté du seau. Vingt-quatre heures après, jetez l'eau et l'ail dans les toilettes.*

Millepertuis

Il ne faut pas négliger les qualités de cette plante qui sont nombreuses et bénéfiques.

Le millepertuis canalise la pureté et la force de Tipheret, ce qui explique ses pouvoirs de protection et de guérison.

Sa seule présence dans un lieu chasse les influences négatives, aussi l'appelait-on au Moyen Âge *Fuga daemonum*, la « fuite des démons ».

Conseil pratique : *Les fumigations de millepertuis sont extrêmement bienfaisantes si on les allie à des fumées d'encens.*

Confectionnez un onguent à base de millepertuis dont vous vous frictionnerez le plexus solaire avant de vous coucher. Vous serez ainsi protégé du succubat-incubat ainsi que des visiteurs nocturnes invisibles qui seraient tentés de toucher votre corps pendant le sommeil.

Moutarde

La magie a employé la moutarde noire ou blanche dans diverses contrées d'Orient.

Mars la gouverne, en même temps que le Feu. La moutarde détruit les influences négatives et active l'élément Feu en toutes situations : lutte, courage, etc.

Conseil pratique : *Si vous ne pouvez éviter la visite d'une personne que vous percevez comme négative à votre égard et si vous êtes sûr que l'émanation va vous perturber, placez sous le paillasson – ou enterrez devant la porte de votre maison –, dans une enveloppe en papier, un mélange composé de quatre bonnes poignées de graines de moutarde (ou de moutarde en poudre), de sel de mer et d'un peu d'ail coupé en tout petits morceaux. Le mélange doit être homogène. Trentesix heures après le passage du visiteur indésirable, videz le contenu dans la cuvette des toilettes et tirez la chasse d'eau.*

Afin de vous protéger et de tonifier votre propre aura, portez sur vous un peu de moutarde blanche ou noire et un peu de sel de mer dans un petit sachet de toile rouge.

Muguet

Mercurien, portant l'élément Eau de Hod-Mercure, le muguet favorise les activités commerciales, journalistiques et littéraires.

Conseil pratique : *Si vous avez à passer un examen ou plus simplement si vous avez à effectuer un travail qui nécessite un mental en pleine forme, parfumez-vous au muguet, additionné d'un peu d'essence de menthe. Vous bénéficierez d'une atmosphère tout à fait adéquate.*

Les fumigations de muguet, de ginkgo, de gui, de patience et de manne « construisent » la vibration idéale dans un bureau où doivent être signés des contrats commerciaux ou dans un magasin. Brûlez en même temps des bougies orange. Si vous craignez que l'odeur dérange vos visiteurs, effectuez ces opérations la veille du rendez-vous ou du jour d'ouverture du magasin.

Myrtille

Même utilisation magique que l'airelle.

Narcisse

Cette fleur est à éviter, malgré sa beauté et le mythe qui s'y attache.

Les narcisses canalisent l'aspect « Lilith » de la Lune et génèrent des vibrations angoissantes. Elles attirent, mais c'est pour mieux emprisonner… « ensorceler » serait un mot encore plus juste.

Nénuphar

Lunaire et canal de l'Eau et de l'Air, le nénuphar apporte la paix en agissant sur le psychisme humain. Il procure une détente nerveuse certaine. On dit que le nénuphar agit sur la vitalité sexuelle.

> ***Conseil pratique :*** *Faites-le brûler avec de l'encens de Lourdes avant de vous endormir.*
>
> *Certaines plantes comme le lin, l'iris ou le basilic accroissent sa puissance.*

Noisetier

Le noisetier, répondant à la vibration de Mercure, est par excellence le canal de l'élément Eau.

Jadis, on utilisait le noisetier pour atténuer, sinon guérir, les crises d'épilepsie. Une fois vidée de son amande, on plaçait la noisette sur le plexus solaire du patient.

> ***Conseil pratique :*** *Utilisez le noisetier comme la menthe : pour calmer vos nerfs, clarifier le mental et développer vos facultés psychiques.*

Œillet

Méfiez-vous de l'œillet ! Comme celui du narcisse, son parfum délicieux envoûte celui qui s'aventure trop à le respirer.

Sa vibration, liée au plan négatif de Vénus (on dirait « des Qliphot de Netzach »), draine passion cruelle et illusion malfaisante, sources de souffrances ou de mort.

Oignon

Mêmes propriétés que l'ail, mais ce dernier est plus puissant.

Olivier

La sagesse de la sphère de Tipheret a inspiré les Grecs qui firent de cet arbre le symbole d'Athéna, déesse de l'intelligence et de la sagesse, protectrice d'Athènes.

On sait que cette cité, aujourd'hui encore, brille par le génie de ses fils d'autrefois !

Apollon, dieu solaire par excellence, gouverne cet arbre dont le caractère sacré a été ressenti par tous les peuples de la Méditerranée.

L'arbre et l'huile vierge qu'il donne sont des condensateurs solaires.

> *Conseil pratique : Dans tous les rituels de Théurgie, on utilise l'huile d'olive pure afin de concentrer les effluves divins et de les conserver.*

Oranger

Solaire et plein de Feu, l'oranger joue, comme la germandrée, le rôle d'un aimant en mettant au service d'une autre vibration (émise par les fumigations d'une autre plante) son pouvoir d'attraction. Le résultat souhaité est ainsi plus vite obtenu par le demandeur.

On pensait jadis en Espagne que son parfum était honteux car les prostituées en usaient abondamment. D'où il découlait forcément que l'oranger attisait les sens et était porteur d'érotisme.

Or, il est vrai que l'oranger diffuse une vibration chaude et lumineuse et que cette ardeur peut évoquer l'amour, mais il n'est pas du tout aphrodisiaque, du point de vue occulte.

Conseil pratique : *Se parfumer de fleur d'oranger épanouit l'aura et lui apporte chaleur et rayonnement. Si l'on veut attirer un partenaire amoureux ou susciter un sentiment amoureux autour de soi, il faut y ajouter de l'essence de rose.*

Utilisez l'oranger avec les plantes de nature « active » : ajoutez du gui (chance), du ginkgo, de la salsepareille, du thym (argent), de la rose rouge, de la violette, du vétiver (amour).

Orchidée

L'orchidée est vénusienne et ignée ; ses vibrations sont denses et porteuses d'érotisme.

À employer comme toutes les plantes de cette catégorie.

Origan

Mercure et sa lucidité mentale, son Eau apaisante et froide, gouvernent l'origan. Séché, émietté, il agrémente tous les plats méditerranéens. Son usage en magie protège des philtres amoureux comme des ensorcellements vénusiens.

Conseil pratique : *Si le charme d'une personne vous fait perdre la tête, pour avoir l'esprit clair et avant de prendre une décision, brûlez de l'origan avec du benjoin ainsi qu'une bougie orange. Demandez très fort la liberté de penser et d'agir en dénouant ces liens troublants.*

Orme

Saturne préside aux pouvoirs de l'orme, où dominent surtout l'Eau et la Terre.

Cet arbre canalise la force, l'endurance et la justice (attribut de Saturne en dernier recours, le premier étant Jupiter...). Autrefois, on rendait des jugements sous son beau feuillage.

Sa structure élémentale (prédominance de la Terre) fait de lui un excellent isolant : on s'abritait de la foudre sous un orme.

Il étouffe, en quelque sorte, un Feu véhément et incontrôlé : la colère, les paroles mensongères, etc.

Conseil pratique : *Si vous êtes engagé dans une affaire judiciaire et que vous pressentez que votre adversaire va débiter une série de mensonges sur votre compte, faites brûler avant l'audience une quantité de feuilles d'orme (ou de la poudre d'orme) avec de l'encens pontifical, de l'acacia et de la bourdaine. Laissez également se consumer une bougie blanche.*

Ortie

Mars et le Feu règnent sur cette plante piquante dont le contact sur la peau provoque des démangeaisons fort désagréables.

L'ortie lutte efficacement contre les influences négatives et apporte la vaillance qu'il faut pour supporter les épreuves.

Conseil pratique : *Porter sur soi un sachet de toile rouge contenant de la poudre d'ortie protège d'un environnement énergétique malsain.*

Si l'on redoute une visite importune, on peut ajouter au mélange moutarde, sel – que nous avons conseillé à l'entrée « Moutarde », p. 108 – des orties fraîches ou en poudre. Le reste de la recette reste inchangé.

Patchouli

Il faut éviter de se parfumer d'extrait de patchouli ou de faire des fumigations de cette plante, aromatique et très liée à la Terre. En effet, les entités qu'appellent ses vibrations, si elles apportent la prospérité matérielle et stimulent les désirs sexuels, s'alimentent de l'aura de l'utilisateur et le vampirisent. À moyen terme, il ne peut qu'en résulter une perte de substance et une certaine atonie !

De plus, les émanations du patchouli, fumigations ou parfum, peu importe, créent un bloc de densité et d'opacité psychique. En cela, cette plante s'oppose à tout progrès spirituel.

Patience

L'Eau de Jupiter (Chesed) gouverne cette plante, attirant l'argent et la prospérité dans le commerce ; elle possède sur le plan éthérique un grand pouvoir de purification.

La patience détruit les vibrations négatives persistantes.

Conseil pratique : Purifiez tout nouveau local commercial avec des fumigations de patience. Aspergez les murs, le sol, l'entrepôt, le coin repas, l'arrière-boutique, avec de l'eau salée contenant une poignée de poudre de patience. Faites également brûler une bougie bleu roi.

Pavot

Le pavot a été qualifié d'« herbe maudite », au niveau de la puissance magique, tout au long de l'histoire des plantes.

Avec la jusquiame et le datura stramonium, le pavot fait partie des végétaux prohibés utilisés en sorcellerie.

Pêcher

Il a des propriétés et des usages magiques identiques à ceux de la primevère et de la violette. Cependant, l'extrait de parfum de pêcher est furieusement efficace pour attirer l'amour et entraîner quelqu'un ou quelqu'une dans des langueurs inoubliables !

> ***Conseil pratique :*** *Les parfumeurs ont certainement décelé le phénomène car la pêche entre souvent dans la composition de capiteux parfums pour femmes.*

Pensée

Cette fleur apporte le charme et la discrétion des sentiments tendres et profonds.

Lunaire, elle est utilisée en magie comme toutes les plantes de cette catégorie ; elle est efficace dans le cadre des prédictions amoureuses.

Persil

Mars et son Feu ardent vibrent dans cette herbe, ornement de nos plats et raffinement de nos mets !

Porteur de force et d'une vigueur insoupçonnée, le persil est un véritable aphrodisiaque. Un certain dicton le rappelle plaisamment : « Quand le persil se plaît au jardin, c'est que le jardinier est bon étalon... »

Conseil pratique : Aucun rituel ne rivalisera jamais avec une consommation quotidienne de persil frais !

Pervenche

Comme toutes fleurs et plantes lunaires, la pervenche est employée en magie pour inciter au mariage, protéger le foyer, les épouses et les enfants.

Peuplier

De nature solaire, le peuplier agit surtout sur les sphères mentales. Il octroie une lucidité certaine et une capacité de discrimination plus aiguë.

Piment

On connaît les piments doux, qui se composent des poivrons de diverses couleurs, ainsi que le paprika, que l'on appelle parfois piment de Hongrie.

Les piments forts sont les variétés de Cayenne, du Chili, etc.

Tous ces piments portent le Feu de Mars.

Conseil pratique : Si l'on veut accroître leurs pouvoirs, il faut les utiliser avec toutes les plantes ignées.

Pin

Mars et le Feu gouvernent cet arbre odorant si bénéfique !

Toujours vert, il est symbole de vie et nous aide, comme tous les végétaux porteurs du Feu de Mars, dans les domaines de la protection, la purification, la puissance, la virilité…

Conseil pratique : Quelques gouttes d'essence de pin sur les tapis et rideaux de la maison, voilà une bonne habitude à prendre !

Cette essence est efficace également dans l'eau du bain ou dans une huile de massage (huile d'olive vierge, par exemple).

Pissenlit

Mercure le gouverne ; il lui donne le pouvoir de calmer les nerfs, d'améliorer l'activité mentale, de favoriser aussi bien les jeux que le commerce.

Conseil pratique : Avant des examens, faites brûler du pissenlit avec du benjoin.

Utilisez-le régulièrement dans votre local commercial avec de la manne, du thym et du gui.

Pistachier

Dans le Bassin méditerranéen, la pistache a la réputation de rompre les envoûtements amoureux.

Conseil pratique : Mêmes propriétés et mêmes usages magiques que l'amandier.

Pivoine

Le Soleil offre à cette belle fleur ses pouvoirs de protection, de guérison et d'affermissement d'un amour pur et durable.

La présence de pivoines près d'un lit empêche le succubat-incubat ; on retrouve là les qualités du millepertuis.

Conseil pratique : Mêmes usages que ceux des plantes solaires.

Poirier

On retrouve les mêmes propriétés et usages magiques des végétaux vénusiens à vibration élevée : amour, certes, mais pas essentiellement passionnel et sensuel.

Pois de senteur

Tous les pois de la même famille sont considérés comme des « porte-chance ». Ils sont employés dans de nombreux rituels de divination en Afrique du Nord.

Conseil pratique : Les pois de senteur bénéficient de propriétés identiques à celles du poivrier : vénusiennes et élevées.

Poivrier

La même plante, le *Piper nigrum* ou poivrier, produit le poivre blanc et le poivre noir. La différence tient à la façon de les récolter. Le poivre noir, ce sont des baies cueillies avant maturité qui racornissent et noircissent en séchant. Le poivre blanc, lui, est obtenu à partir de baies mûres dont on extrait la graine après avoir laissé noircir la peau et la pulpe.

Qu'il soit blanc ou noir, le poivre est un condensateur fluidique de l'élément Feu (Mars ou Vénus).

Conseil pratique : Il s'emploie avec d'autres plantes lorsque l'on souhaite activer le courage, la force, la vitalité, la passion, etc.

Pommier

Non, ce n'est pas Vénus qui se manifeste à travers ses fleurs parfumées aux couleurs du printemps et ses beaux fruits pleins de vitamines !

Le Soleil et sa sagesse, son pouvoir d'harmonie et de guérison vibrent dans le pommier.

Conseil pratique : *Ayez chez vous des pommes séchées ; elles assurent la protection et la paix sur la maison.*

Potentille

Le mot « potentille » couvre en fait tout une famille de plantes rosacées dont quelques espèces sont utilisées en médecine : la tormentille, l'ansérine et la quintefeuille qui est la « potentille rampante ».

Conseil pratique : *Voir à « Quintefeuille » pour les applications pratiques, p. 121.*

Primevère

C'est Vénus-Netzach et son Feu ardent et dense, nourri de Yetzirah, qui donnent à la primevère le pouvoir de la folle passion incontrôlée.

De tout temps, la primevère a symbolisé la folie pure, la folie amoureuse et sensuelle.

Son usage magique peut aller jusqu'à provoquer des égarements érotiques et la luxure.

Suivant les principes de l'homéopathie, traitant le mal par le mal, on arrive à guérir de ces dépravations et à réprimer ces excès grâce à la primevère.

Si l'on en use de façon très modérée, la primevère apporte la joie et le goût de vivre à ceux qui sont atteints de mélancolie et se complaisent à vivre dans le passé.

> ***Conseil pratique :*** *Si vous avez à vaincre la tiédeur amoureuse d'un ou d'une partenaire, brûlez de la primevère séchée et glissez discrètement sous le lit, au printemps, des fleurs fraîches.*
>
> *Recette pour un excellent bain d'amour : dans de l'eau salée à température, mettez de la primevère ainsi que de la rose et de la violette. Vous pouvez ajouter de l'oranger.*

Quinquina

Les propriétés de l'écorce de quinquina furent découvertes fortuitement au Pérou, à l'occasion de la guérison de l'épouse du vice-roi d'Espagne. Les jésuites réalisèrent très vite l'intérêt de cet arbre et se réservèrent le monopole de son exploitation.

Ce n'est qu'après bien des controverses et de multiples aventures que les Français purent bénéficier de ses bienfaits, au XVIIIe siècle seulement.

Mars et son Feu donnent au quinquina ses pouvoirs de protection et de guérison, la force et la vitalité.

Ce Feu est réputé d'une grande efficacité pour chasser les présences invisibles maléfiques, aussi le quinquina est-il utilisé pour les désenvoûtements.

> ***Conseil pratique :*** *Brûlez de la poudre de quinquina avec de l'encens, pur ou pontifical, pendant que se consumera une bougie rouge. L'atmosphère négative sera immédiatement transformée.*

Au cours des cérémonies destinées à purifier certains lieux ou à vous dégager vous-même, ajoutez toujours quelques pincées de quinquina.

Quintefeuille

La quintefeuille, comme le quinquina, véhicule le Feu de Mars, mais celui-ci frappe directement la sphère mercurienne. Cette plante possède donc le pouvoir d'agir sur les facultés intellectuelles, de clarifier le mental ou de le fortifier. Voilà un extraordinaire tonique pour les chercheurs et les étudiants…

Conseil pratique : *Brûlez de la quintefeuille avec de la menthe, du basilic, de l'oranger et du benjoin. L'ambiance sera idéale pour l'étude et les travaux intellectuels.*

Laissez se consumer une bougie orange.

Réglisse

La réglisse a les propriétés et les usages des autres plantes vénusiennes à hautes vibrations, c'est-à-dire protection et amour profond et fidèle.

Rhubarbe

Propriétés identiques à celles des plantes vénusiennes à hautes vibrations : protection, amour profond et fidèle.

Rue

Mercurienne, canalisant l'Eau et l'Air, la rue officinale est connue pour ses pouvoirs sur l'intellect.

Très active sur les plans denses (elle vibre sur la Yetzirah de HodMercure), elle favorise le commerce et attire efficacement l'argent. Elle aide à trouver des relations nouvelles et à la créativité littéraire.

Conseil pratique : *Si vous êtes en proie à des ennuis financiers, faites brûler de la rue fraîche ou en poudre avec de la manne, du gui et du ginkgo. Allumez en même temps une bougie verte.*

Si vous souhaitez créer une atmosphère propice au travail intellectuel, brûlez de la rue avec de la menthe et du benjoin. Dans ce cas, c'est une bougie orange qui devra se consumer.

Riz

Le riz occupe, dans les traditions populaires orientales, une place identique à celle du blé dans la culture européenne : il est symbole de richesse, d'abondance, de vie. Les pratiques magiques liées à cette céréale sont innombrables dans tout l'Extrême-Orient, les Indes et l'océan Indien. L'une d'elles, liée aux cérémonies nuptiales, est bien connue en Occident.

Conseil pratique : *Voir « Avoine », p. 58.*

Romarin

Solaire, portant le Feu et l'Air, le romarin est connu depuis longtemps pour ses extraordinaires capacités de guérison.

Il agit, comme le basilic, sur les canaux éthériques en les dégageant, mais il faut souligner que le basilic, lui, joue sur une haute fréquence vibratoire et que son usage est recommandé pour se préparer à des rituels de haute magie.

On s'est servi du romarin pour faire des amulettes d'amour, mais l'émanation du romarin n'amène en aucune façon à un érotisme vulgaire. Bien au contraire, même à cet usage, il purifie et élève les sentiments, leur donnant sincérité, clarté et stabilité.

Conseil pratique : *Aspergez les éléments de votre chambre à coucher (tapis, rideaux, couvre-lit) de quelques gouttes d'essence de romarin et de menthe. Votre sommeil sera calme et vos rêves agréables.*

Des bains salés, auxquels on aura ajouté du romarin et du basilic, en essence ou en poudre, purifieront votre aura et vous dégageront de vos propres larves.

Rose

Merveilleuse réussite que cette plante hybride ! De l'Égypte à la Grèce, de Rome jusqu'à aujourd'hui, on pourrait dire que le monde entier est couvert de roses !

Ce succès n'est pas dû au hasard. Cette fleur superbe émet des vibrations allant de Netzach-Vénus (roses jaunes et roses) à Tipheret-Soleil (roses rouges et blanches).

Elle occupe avec le lys une place privilégiée dans toutes les cérémonies mystiques de haut niveau, et lorsque l'on a la faculté de « voir » les sylphes (entités élémentales de l'Air) se réjouir en leur présence et utiliser leur arôme pour agir eux-mêmes sur le Feu et l'Eau, alors on comprend mieux la raison pour laquelle elle est devenue symbole divin.

Parce que cette fleur dégage un puissant rayonnement d'amour, de paix et de joie, elle est devenue la messagère de l'amour humain, un amour sincère où la sensualité est soumise à un sentiment intense et pur.

La rose rouge, par conséquent, sera utilisée en magie pour se mettre au diapason des forces supérieures et prier avec plus d'efficacité.

La rose pâle (Vénus) a pouvoir sur les sentiments humains, pour se faire aimer de quelqu'un. Si la personne que l'on aime est loin, les fumigations de pétales de rose pâle facilitent la télépathie.

Conseil pratique : *Placez toujours une rose rouge fraîche devant une image mystique, dans le lieu où l'on a l'habitude de prier et de brûler de l'encens pur ou pontifical. Ceci constitue une excellente protection des lieux et favorise la venue de sylphes bienfaisants.*

Si vous avez perdu un être aimé, placez une rose pâle devant sa photographie. Brûlez de l'encens pontifical et des pétales de rose pâle ; allumez une bougie rouge ou rose. Votre amour sera transmis jusqu'aux plans où il réside maintenant et il sera capté en toute certitude. C'est le meilleur moyen (et d'ailleurs le seul) de communiquer avec les morts, les autres sont des déformations malsaines.

Une réponse venant du défunt vous sera donnée en rêve ou par intuition.

Safran

Le safran est une épice orange cuivrée fournie par les longues feuilles dures d'un crocus du Moyen-Orient issu d'hybridations diverses.

Son usage magique ou profane remonte à des temps reculés. On le trouvait en Égypte, en Chaldée, en Extrême-Orient et dans tout le Bassin méditerranéen antique.

Ses pouvoirs magiques, ses qualités en cuisine et son emploi dans la teinture des étoffes faisaient de cette poudre, difficile à produire, un condiment précieux équivalent au plus somptueux des cadeaux.

Ainsi, en Inde et au Tibet, lorsque l'on voulait rendre hommage à son gourou, on lui offrait un sac de safran, ce qui, compte tenu de son prix, représentait un présent royal.

Royal est un adjectif qui qualifie bien le safran. Il véhicule en effet les plus hautes vibrations solaires (Tipheret) et le choix de teindre les vêtements sacerdotaux couleur safran n'était pas le fait du hasard. Les brahmanes en Inde, les flamines de Jupiter à Rome, les prêtres et les prêtresses de rite gnostique bénéficiaient de cette merveilleuse vibration solaire car le vêtement, avant d'être endossé pour la première fois, était chargé selon le rite adéquat et se rechargeait à chaque cérémonie.

Cette présence divine, retenue ainsi dans les fibres du tissu, de préférence en lin, était la source vivante du pouvoir : bénédictions efficaces, voyance pure, guérisons, etc.

Les propriétés du safran sont bien connues des talebs (mages musulmans) qui l'emploient, dilué dans de l'eau ou un peu d'huile d'olive, pour confectionner leurs talismans.

Conseil pratique : *Brûlez du safran avec de l'encens pur ou pontifical, le dimanche dès le matin pendant que se consume une bougie or. Dans une ambiance alors purifiée et de vibration élevée, méditez et priez.*

Le safran remplace avantageusement l'encre de Chine pour la rédaction de talismans solaires : spiritualité, haute protection, richesse bénie.

Salsepareille

Elle vibre sur Jupiter ; son Eau puissante attire les biens matériels, facilite la progression sociale et attire les faveurs des notables. Davantage axée sur l'aspect matériel, elle n'intervient pas dans les procès, la justice ou le domaine des attributs de Jupiter-Chesed, mais à un niveau supérieur de cette sphère.

Elle purifie les lieux, comme de nombreuses autres plantes, mais en accordant à ceux-ci une tonalité particulière : elle établit une vibration de joie et de confiance sans laquelle la richesse ne peut se manifester.

> ***Conseil pratique :*** *Si vous êtes déprimé parce que vos affaires vont mal et que votre compte en banque flirte dangereusement avec le rouge, brûlez de la salsepareille et de l'encens pur ou pontifical avant d'effectuer toute autre opération magique pour attirer spécifiquement l'argent. Faites brûler en même temps une bougie bleu roi.*
>
> *Si vous venez d'acquérir un local commercial qui vous a été cédé à la suite d'une faillite ou parce que des difficultés financières ont frappé votre prédécesseur, faites de même trois jours de suite et, seulement après, préparez une cérémonie pour attirer la chance et la prospérité.*

Santal

Le santal – plus exactement, le bois de santal – vient généralement des Indes, mais il existe aussi une espèce au Venezuela.

Le santal qui arrive sur les marchés d'Occident a fait ses preuves en magie, même s'il nous est difficile de savoir où et comment il est travaillé.

Son parfum évoque les temples hindous et les pèlerinages vers le Gange.

Ce bois apporte l'harmonie, la paix, la purification et la guérison. Il a un pouvoir certain sur les émotions et apaise les tourments affectifs. On reconnaît là les attributs solaires de Tiphe-ret.

Ceci explique son usage, depuis des siècles, dans tous les lieux où Dieu a été vénéré.

Le santal rouge est traditionnellement utilisé pour apaiser des relations orageuses, alors que le santal blanc a une spécificité plus religieuse. Néanmoins, les deux favorisent le recueillement et purifient l'entourage.

Conseil pratique : *Utilisez le santal blanc comme l'encens pur ou pontifical pour créer une vibration de méditation et de prière.*

Faites brûler du santal rouge après une querelle ou lorsque les liens entre vous et quelqu'un se détériorent lentement, alors que vous souhaitez entretenir cette amitié (« amitié » et non pas « amour » au sens humain, car le santal vibre sur un plan où l'individualité et ses passions se fondent dans un détachement lumineux).

Sarrasin

Aussi appelé « blé noir » ou « blé breton », le sarrasin serait originaire de Perse.

La plante verte est utilisée comme fourrage, mais on cultive surtout le sarrasin pour en tirer une farine servant à la confection du « pain noir » et des galettes.

Conseil pratique : *Voir « Avoine », p. 58.*

Sarriette

On connaît les pouvoirs de la sarriette, surtout absorbée sous forme d'essence, sur la régénération des cellules, la santé et la longévité qui en résultent.

L'Air, l'Eau et le Feu du Soleil (Tipheret) donnent à cette petite plante la faculté de restaurer l'électromagnétisme défaillant de notre organisme. Mais encore plus que le corps physique, la sarriette guérit les lésions psychiques. Comme le basilic, elle nettoie les canaux subtils et fatigués ainsi que les centres invisibles et permet ainsi une action plus harmonieuse des quatre éléments dans la structure humaine.

Elle octroie, en outre, la chance, la prospérité et une gloire qui viendra d'actions altruistes, plus la sagesse, l'intelligence et l'inspiration.

***Conseil pratique :** Utilisez la sarriette comme vous le faites des plantes solaires.*

Sassafras

Le sassafras est, en magie, la plante de l'illusion. Lunaire et porteur d'une Eau aux vibrations denses, le sassafras a une action bénéfique mais fugace.

Il ne transforme donc pas l'environnement et les situations en profondeur, il les illumine et disparaît ! Mais il est fort utile dans les circonstances où il faut, contre vents et marées, donner la meilleure image de soi afin d'obtenir telle ou telle chose. Ainsi, si vous avez rendez-vous avec un banquier pour solliciter un découvert ou avec un employeur, son effet sera certain, mais s'il s'agit d'un rendez-vous amoureux, son effet sera fugitif et ce que vous êtes se révèlera bien vite.

Conseil pratique : Brûlez du sassafras avant des rendez-vous importants.

Sauge

La sauge est d'essence solaire, ce qui explique ses pouvoirs d'harmonie, de protection et de guérison.

Ses pouvoirs médicinaux sont le reflet de cette structure occulte et, mélangée à de l'ail, elle fait merveille.

Conseil pratique : Utilisez-la avec du quinquina, de l'ail et du romarin pour purifier votre appartement ou votre maison.

Scabieuse

Vénusienne et pleine de Feu, la scabieuse est active sur le plan dense de Netzach-Venus. Son action est donc très puissante sur les amitiés et les amours, et elle excelle à allumer les passions !

Ce Feu peut toutefois être apaisé si l'on y ajoute de l'acacia ou de l'angélique. La scabieuse a dès ce moment l'extraordinaire faculté de protéger des passions les adolescents, car ces deux autres plantes élèvent sa fréquence vibratoire.

Conseil pratique : Dans toutes les cérémonies où vous voudriez susciter la passion amoureuse, utilisez la scabieuse avec de la myrrhe. Mais sachez que la liaison qui s'ensuivra sera éphémère : le Feu la consumera.

Sceau de Salomon

La forme élancée du sceau de Salomon ne rappelle en rien l'hexagramme sacré qui porte ce nom.

Saturnienne, la plante canalise l'Eau de cette sphère et apporte la densité et la stabilité à tout rituel.

Son action paraît lente car les effets de son usage magique peuvent tarder à se manifester, mais ceux-ci sont durables, contrairement au feu follet du sassafras !

Le sceau de Salomon restaure les tissus et les os du corps humain.

En magie, on l'emploie pour consolider une situation donnée.

> ***Conseil pratique :*** *Ne l'utilisez pas en même temps qu'une plante vénusienne ou martienne, mais plutôt avec une plante mercurienne, jupitérienne ou lunaire.*
>
> *Si vous souhaitez stabiliser une relation ou ancrer une situation donnée, brûlez de la poudre de sceau de Salomon et de l'encens pur ou pontifical sans aucune autre plante.*

Sésame

Solaire et portant l'Air et le Feu de façon harmonieuse, le sésame donne, comme l'olive, une huile qui constitue sans aucun autre apport un excellent condensateur fluidique des quatre éléments.

> ***Conseil pratique :*** *Utilisez-le de la même façon que les autres végétaux solaires.*

Sorbier

La famille des rosacées donne plusieurs variétés de sorbier. Leur bois dur et compact est recherché pour confectionner les baguettes de sourciers.

Conseil pratique : Plante de guérison et de protection, on peut la brûler avec du romarin ou de l'origan. À utiliser comme les végétaux solaires.

Souci

Voilà une plante solaire tout à fait bénéfique !

Le Feu et l'Air sont en elle parfaitement en harmonie et sa seule présence dans un lieu apporte, sans qu'il soit nécessaire de la brûler, le succès et l'éclat de la sphère qu'elle représente à merveille.

La poudre de souci, portée sur soi dans un sachet ou diluée dans un bain, canalise des vibrations de spiritualité et de gloire.

L'action du souci est durable et profonde ; l'harmonie qu'elle tisse autour de votre personne n'est pas illusoire. L'usage régulier du souci, ainsi que de l'acacia, de l'angélique, du basilic et de toutes les plantes solaires et mercuriennes, aidera à modifier votre structure en vous purifiant et en vous équilibrant réellement.

Conseil pratique : Pour tonifier et harmoniser les énergies de votre aura, prenez des bains salés dans lesquels vous ajouterez des tiges de fleurs de souci (si vous n'en trouvez pas, utilisez de la poudre, chargée de la manière indiquée dans la seconde partie de ce livre, p. 157). Une clarté semblera alors émaner de vous et attirera un certain nombre de choses agréables dont, sans ces attentions particulières, vous n'auriez pas bénéficié.

Sureau

Le sureau canalise le Feu de Vénus ; il protège de la malveillance et des entités négatives.

Il calme le « Feu des os », c'est-à-dire les rhumatismes, l'arthrite, l'arthrose, et sa présence dans une maison écarte les nuisances psychiques et éthériques.

***Conseil pratique :** Placez des feuilles et des fleurs de sureau (ou de la poudre) dans quatre coupelles, bols ou assiettes creuses en faïence ou en verre. Déposez-les aux quatre points cardinaux de votre maison ou de votre appartement (dans des pièces différentes si la taille de votre logement le permet). Il faut que l'habitation soit comme cernée par le sureau. Si votre maison possède plusieurs étages, déposez les coupelles au rez-de-chaussée.*

Théier

Il paraîtra surprenant d'attribuer au thé des vertus magiques. N'est-ce pas un compagnon presque quotidien ? Pourtant, le thé vibre sur la sphère solaire et apporte, par un usage magique, richesse, chance, santé et ardeur.

Le thé tonifie l'intellect lorsque nous en buvons, mais il revigore aussi nos affaires financières, redynamise nos relations et notre situation dans la vie en général.

***Conseil pratique :** Faites brûler du thé, de n'importe quelle provenance, avec un peu d'encens pur. Formulez en même temps vos vœux ardents de bien-être, de richesse et de santé. Ce rituel doit être effectué le dimanche.*

Thym

Les éléments solaires vibrent dans cette plante dont la bonne odeur, associée à celle du laurier, fait le succès de certains de nos plats !

Protection, vigueur, éclat, richesse : telles sont les propriétés du thym.

Ses émanations, lorsqu'il crépite sur des charbons ardents, chassent les influences néfastes, assainissent l'environnement et dégagent le mental lorsque celui-ci se laisse envahir par la tristesse.

Le thym renforce les pouvoirs du tilleul, du romarin, de la lavande.

Conseil pratique : *Avant de vous coucher, brûlez du thym et du tilleul tandis que quelques gouttes d'essence de menthe et de lavande embaumeront les tissus de votre chambre…*

Associé à de la manne, du gui et de l'oranger, le thym fait affluer l'argent.

Tilleul

Jupiter et son Eau miséricordieuse gouvernent le tilleul, cet arbre des forêts du Nord qu'ont fêté les traditions scandinaves et germaniques.

Un tilleul dans un jardin ou des feuilles de tilleul dans une maison sont des facteurs de chance et de paix. Cet arbre et ses feuilles créent une aura comparable à celle d'un champ couvert de neige. Là, le bruit lourd des pas est assourdi ; ici le Feu malveillant des pensées négatives et de toutes les entités indésirables est éteint.

Conseil pratique : *Brûlez du tilleul lorsque vous doutez de vos propres qualités et qu'aucun rayon de soleil n'est censé illuminer votre vie. Ajoutez-y du thym pour connaître un sommeil agréable et réparateur.*

Tomate

Les rondeurs et la couleur de la tomate font penser au Feu vénusien. Or c'est tout à fait faux ! C'est l'Eau bienfaisante de Mercure qui irrigue la tomate.

Car en réalité, la tomate absorbe le Feu, elle l'éteint et apaise ses brûlures. Essayez-la après un bon coup de soleil ! Posez des tranches de tomates sur la peau brûlée : vous serez émerveillé en réalisant que la douleur disparaît immédiatement.

Parce que la tomate vibre sur l'Eau universelle (bien que le Feu et l'Air y agissent), elle déminéralise les os (Feu) – elle les « pourrit », en quelque sorte – si l'on en mange déraisonnablement.

Conseil pratique : *Même usage que pour les plantes mercuriennes ; elle est liée cependant à Mars (Feu de Guéburah, voir l'Arbre de vie kabbalistique, p. 20). La tomate apporte en plus l'ardeur et la vaillance, elle accroît la virilité et attise généralement les sens.*

Trèfle

Saturne et son Eau gouvernent cette plante et génèrent ses pouvoirs, qui ont été vérifiés par l'usage magique et mettent en évidence les qualités de la sphère. Ce n'est donc pas Mercure, comme on l'a souvent cru, qui est le mentor du trèfle.

Le trèfle apporte une grande protection et il est utilisé dans les exorcismes.

Il octroie la chance, mais pas de fortune subite. Cette « chance » résulte de la grâce que la sphère Binah-Saturne accorde en soulageant, comme nous l'avons déjà vu, le fardeau cosmique…

Est-ce parce que le rare quatrième pétale du trèfle reconstitue le jeu des quatre éléments que le trèfle à quatre feuilles est porteur de chance ? Nous ne saurions le dire, car l'usage magique du commun trèfle à trois feuilles apporte les résultats voulus. Mais il est vrai, cependant, que celui qui trouve cette rareté oriente positivement son subconscient en se persuadant qu'il est gage de réussite !

Conseil pratique : *Comme toutes les plantes saturniennes, brûlez le trèfle avec de l'encens de Jérusalem et de l'encens pontifical pour demander une purification de soi et des lieux, ainsi que pour diminuer les épreuves.*

Tulipe

Mentionnée pour la première fois en 1554 par l'ambassadeur d'Allemagne auprès de Soliman le Magnifique, la « Tolipam », qui vient de « tolipend », signifie « turban » en turc.

Mercurienne, la tulipe apaise les passions, les objective mentalement et les consolide si les sentiments qui les fondent sont sincères.

L'utilisation de la tulipe est excellente contre les envoûtements d'amour.

Valériane

C'est un Feu doux et pur qui dirige les vibrations de la valériane. Solaire, elle apporte l'harmonie et calme les maladies cardiaques. Elle influence ainsi la pression du sang, éloigne les angoisses et, de son Feu pur, transmute le Feu négatif de la colère et de la nervosité. La valériane est donc excellente pour vaincre les dépressions nerveuses et les mélancolies.

De plus, elle crée autour de celui qui en fait un usage magique un mur de dissuasion de nature élémentale Feu et Air. Ainsi, les personnes indésirables ne s'approcheront pas d'elles-mêmes de l'utilisateur.

Conseil pratique : *Faites-la brûler avec du basilic et de la menthe pour vaincre les dépressions nerveuses, les grandes angoisses, le désespoir, etc.*

Si vous souhaitez éloigner une personne de votre domicile (parce qu'elle vous ennuie ou vous perturbe du point de vue occulte), brûlez de la valériane avec de l'encens pur ou pontifical.

Vanillier

Vénus et son feu arrogant exaltent dans la vanille leur pouvoir de séduction. L'usage de la vanille en magie peut provoquer l'obsession amoureuse et, si on lui ajoute de la violette ou de la primevère, elle génère alors une telle exacerbation des sentiments qu'il est très difficile de les éteindre.

Si vous utilisez la vanille dans le but d'engendrer l'amour dans le cœur et le corps d'autrui, vous devez faire très attention. Vous vous lasserez vite car tel est le destin des affections vénusiennes, mais votre partenaire ne pourra plus vous quitter à moins de faire appel à Mercure et au Soleil pour le « guérir »…

Précisons cependant que cet « enchaînement » n'est pas maléfique en lui-même, dans la mesure où vous ne voulez pas détruire l'autre mais simplement vous en faire aimer puisque vous en êtes épris. L'action magique devient grave, voire maléfique, dès lors que cette personne est déjà liée, mariée, etc. Vous briseriez alors un couple pour assouvir votre propre désir.

Conseil pratique : *Ceci s'applique également à l'usage de toutes les plantes vénusiennes aux vibrations denses.*

Varech vésiculeux

L'Eau d'une Lune protectrice (Yésod) dirige les vibrations du varech vésiculeux, ces algues côtières qui enlacent les paniers d'huîtres.

« Enlacer » est bien le mot qui convient pour décrire, d'un point de vue occulte, l'action de ces algues. En effet, l'esprit-groupe qui les gouverne (esprit d'Eau) peut leur ordonner, si cela semble nécessaire et méritoire, « d'enlacer » un navire endommagé et devant couler ou un malheureux perdu en mer que la noyade guette. Cette étreinte des algues évite ainsi la mort en maintenant les victimes sur l'eau.

Pour attirer ce type de protection, il faut absolument être en harmonie avec l'élément liquide et bénéficier d'une « autorisation karmique ». Et si l'on veut la mettre en œuvre consciemment, il faut contacter les Hiérarchies de l'Eau… vaste et difficile programme !

> ***Conseil pratique :*** *Si vous êtes perdu en mer ou si votre embarcation est sur le point de couler, faites appel à l'archange Gabriel. Il entendra peut-être votre appel…*

Verveine

Vénusienne et ignée, chaude et odorante, irradiante de sérénité et de joie, la verveine agit tel un souffle de jouvence sur ceux qui font appel à ses nombreux pouvoirs.

Elle purifie les lieux et les êtres de toute impureté générée par des abus sexuels et prépare ainsi le terrain à des cérémonies magiques à caractère sacré ou tout simplement à la prière et à la méditation. C'est pourquoi les mages d'autrefois avaient coutume de se laver tous les jours dans des bains où avait infusé de la verveine afin de préparer un rituel d'importance.

L'usage de la verveine harmonise avec le plan de Vénus-Netzach, en calmant et en purifiant le Feu excessif. Donc, si la planète Vénus est mal aspectée dans votre thème astrologique et que cette position est à l'origine de vos problèmes relationnels, d'une carence de séduction, de déboires sentimentaux, la verveine vous aidera à « réorienter » ce courant vénusien dans votre vie et finira par vous le rendre favorable (si toutefois un effort d'introspection est effectué afin de voir ce qui, dans votre attitude, éloigne autrui).

Allié à la rose (rouge, rose, jaune, etc.), le pouvoir de la verveine est exalté et magnétise l'aura de façon durable.

Conseil pratique : *Utilisez-la avec du basilic, en essence, dans des bains salés, avant des rituels magiques ou pour se purifier lorsque l'on se sent oppressé.*

La verveine est une composante de toute pratique magique tendant à agir sur les relations, les sentiments et le bien-être en général.

Vétiver

Cultivée en Inde et aux Antilles, cette plante aromatique entre dans la plupart des parfums masculins. Son émanation, épicée et fraîche à la fois, semble éveiller les ardeurs amoureuses et l'admiration de la force.

Le Feu martien de cette plante intensifie l'électricité de l'aura humaine en la purifiant par cet apport de Feu. L'Eau (magnétisme) s'accroît, offrant ainsi à l'utilisateur le pouvoir d'attirer autrui aussi bien sur le plan amoureux que dans de simples relations sociales ou commerciales.

La qualité particulière du Feu du vétiver adoucit une virilité qui, sans cela, paraîtrait arrogante et peu séduisante.

Conseil pratique : L'usage magique du vétiver est préconisé aux hommes qui ont le sentiment de ne pas attirer les femmes (mais cela n'est-il pas déjà fait par les eaux de toilette ?).

Quant aux femmes qui ont un rayonnement terne, dont la passivité, le manque de dynamisme et l'excès de langueur et de mollesse font fuir les partenaires éventuels, elles pourront judicieusement ajouter quelques gouttes de vétiver à leur eau de toilette et prendre des bains vitalisés par cette plante ; leur aura se transformera et, elles émettront une force qui rendra leur féminité plus persuasive.

Violette

Contrairement au vétiver, l'émanation de cette plante au parfum doux et sucré féminise l'aura en lui apportant l'élément qui lui manquait. Ainsi, une femme que les hommes ont tendance à considérer plus comme un « copain » qu'une amante éventuelle gagnera à se parfumer de violette.

Hommes et femmes feront un usage judicieux de cette plante lorsqu'ils souhaiteront bénéficier des faveurs amoureuses d'une personne qui les fuit ou qui les a quittés.

La violette provoque l'amour, puisque vénusienne et captant le Feu intense de cette sphère (le plan de Yetzirah de Vénus-Netzach), mais si elle l'attise pendant quelque temps, elle ne lui donne pas la force de la stabilité. Elle joue davantage sur le désir que sur le sentiment et lorsque le premier rejoint le second, elle le transforme en une passion dévorante qu'elle finit par consumer.

Voilà pourquoi il est déconseillé d'utiliser uniquement la violette pour une affaire amoureuse, tout au moins si l'on veut la bâtir sur des sentiments solides.

Si, en revanche, le seul but est la satisfaction des sens et le besoin d'assouvir son goût de la passion, on obtiendra des effets remarquables en ajoutant de la primevère.

Conseil pratique : *Puisqu'elle apporte avec sa fragrance étourdissante un cortège d'illusions et de rêves, la violette peut être un remarquable atout pour les artistes et pour tous ceux qui, justement, ont besoin de « faire illusion » pendant un moment, même si ce moment est très court.*

Tableau des correspondances

Voici le tableau des correspondances entre les plantes et les sphères cosmiques, les sentiers de l'Arbre de Vie, les éléments dominants et les principales propriétés. Les couleurs correspondant aux éléments sont le rouge pour le Feu, le jaune pour l'Air, le bleu pour l'Eau et le marrin ou le noir pour la Terre.

Légendes :

A = Ascendant *D = Descendant* *← = Gauche* *→ = Droite*

Plantes	Sphères cosmiques dominantes	Numéro de sentier	Éléments dominants	Propriétés
Abricotier	Vénus	28 D	Feu (dense)	Désir sensuel
Absinthe	Mars	22 D	Feu	Destruction de larves – protection
Acacia	Soleil	25 D	Feu/Air/Eau	Inspiration – évolution spirituelle – guérison
Ache	Mercure	30 D	Eau	Calme le système nerveux – purifie le psychisme

Plantes	Sphères cosmiques dominantes	Numéro de sentier	Éléments dominants	Propriétés
Achillé	Vénus	27 ←	Feu	Protection – exorcisme – désenvoûtement
Agaric	Terre	32 D	Terre	Prospérité matérielle – don d'objets
Agave	Mars	22 D	Feu	Puissance virile
Aigremoine	Jupiter	20 D	Eau	Justice – progrès
Ail	Mars	22 D	Feu	Assainissement des lieux – puissance au combat
Airelle	Vénus	24 A	Feu (élevé)	Paix affective – protection contre les passions
Ajonc	Mars	23 D	Feu	Protection et force envers la concurrence
Alchémille	Lune	30 A	Air/Eau	Restaure le psychisme perturbé – contre les angoisses
Alysse	Soleil	26 D	Feu/Air/Eau	Relations humaines épanouies – liberté et mouvement
Amande	Mercure	30 D	Eau	Facilite le travail mental
Amarante	Saturne	32 A	Eau	Pour aider les mourants et les décédés
Ananas	Soleil	26 D	Feu/Air/Eau	Splendeur – chance
Ancolie	Vénus	29 D	Feu (dense)	Érotisme – passion amoureuse
Anémone	Vénus	24 A	Feu (élevé)	Protège des passions – favorise les sentiments
Aneth	Vénus	28 D	Feu	Vitalité et attraction
Angélique	Soleil	24 D	Feu/Air/Eau	Guérison – harmonie – paix – évolution spirituelle – protège des envoûtements ou passions liées à l'amour
Anis	Lune	30 A	Eau/Air	Réceptivité psychique – calme le psychisme et protège sur ce plan
Arbousier	Lune	32 D	Eau/Air	Puissant restaurateur du corps éthérique – guérison
Armoise	Soleil	25 D	Feu/Air/Eau	Vision claire – inspiration – facilite la voyance
Aubépine	Lune	32 D	Eau/Air	Protège le foyer
Avocat	Vénus	28 D	Feu	Vitalité et forte sexualité
Avoine	Vénus	29 D	Feu	Vitalité – force – protection – prospérité matérielle

Plantes	Sphères cosmiques dominantes	Numéro de sentier	Éléments dominants	Propriétés
Bambou	Terre	32 D	4 Éléments	Condensateur fluidique universel. (Pour tout les souhaits)
Basilic	Jupiter soleil mercure	20 D/26 d 30 d/32 d	Feu/Air/Eau	Plante des plus bénéfiques qui soient – protection – clarté mentale – agit contre les angoisses et favorise l'acquisition de hautes facultés psychiques et spirituelles
Bergamote	Mercure	31 D	Eau	Attire l'argent
Bouleau	Vénus	24 A	Feu (élevé)	Protège la vie sentimentale et favorise le mariage
Bourdaine	Saturne	32 A	Eau	Justice et procès
Bourse à pasteur	Lune	32 D	Eau/Air	Développe les facultés psychiques
Bruyère	Lune	32 D	Eau/Air	Protège le foyer et les enfants
Buis	Soleil	25 D	Feu/Air/Eau	Grande protection – guérison – inspiration
Camélia	Lune	28 A	Eau/Air	Richesse – cadeaux somptueux – joie
Camomille	Soleil	25 D	Feu/Air/Eau	Protection – inspiration – guérison
Camphre	Lune neptune. Mercure	30 A	Eau	Purification du psychisme – assainissement des lieux
Cannelle	Vénus	24 A	Feu (élevé)	Créativité – art – sentiments élevés
Cardamome	Vénus	24 A	Feu (élevé)	Créativité – art – sentiments élevés
Caroube	Mars	22 D	Feu	Force – courage – protection
Carvi	Mercure	27 →	Eau	Protège des passions amoureuses – favorise l'intellect
Cèdre	Soleil	25 D	Feu/Air/Eau	Protection – harmonie – guérison – inspiration
Céleri	Saturne	32 A	Eau	Purification – sagesse – protection
Chardon bénit	Mars	23 D	Feu	Force – protège contre la fuite de l'argent
Chêne	Terre	32 A	4 Éléments	Protection – guérison – vitalité – santé – richesses

Plantes	Sphères Cosmiques dominantes	Numéro de sentier	Éléments Dominants	Propriétés
Chèvrefeuille	Jupiter	20 D	Eau	Protection sociale – élévation – emploi – relations avec les banques
Chicorée	Mars	22 D	Feu	Force – courage – écarte les ennemis
Chiendent	Jupiter	20 D	Eau	Respectabilité sociale – richesse
Chou	Lune	25 A	Eau/Air	Purifie le psychisme
Citron	Lune	25 A	Eau/Air	Protection et purification du psychisme – assainissement des lieux
Clou de girofle	Vénus	27 ←	Feu (élevé)	Apaise les conflits relationnels et affectifs
Cognassier	Lune	28 A	Eau/Air	Protège le foyer
Coix	Saturne	32 A	Eau	Pour appeler le remise des dettes karmique
Concombre	Lune	28 A	Eau	Contre la stérilité
Coriandre	Mars	22 D	Feu	Courage – puissance
Cumin	Mars	23 D	Feu	Courage – puissance
Curcuma	Soleil	25 D	Feu/Air/Eau	Protection – guérison – harmonie – paix
Cyclamen	Lune	28 A	Eau	Protège le foyer et apaise les passions
Cyprès	Saturne	32 A	Eau	Pour implorer la remise des dettes karmiques pour aider les mourants et les décédés
Damiana	Vénus	28 D	Feu	Allume les passions et favorise les relations amoureuses
Ébénier	Lune	25 A	Eau	Protection du psychisme
Érable	Jupiter	20 D	Eau	Sociabilité – richesse – emploi
Estragon	Vénus	29 A	Feu	Allume les passions et favorise les passions amoureuses
Eucalyptus	Soleil	25 D	Feu/Air/Eau	Protection – guérison – harmonie – paix – inspiration
Euphraise	Soleil	26 D	Feu/Air/Eau	Protection – guérison – inspiration – voyance pure
Fenouil	Mercure	31 D	Eau	Attire l'argent
Fenugrec	Lune	32 D	Eau/Air	Favorise la vie matérielle de la famille

PLANTES	SPHÈRES COSMIQUES DOMINANTES	NUMÉRO DE SENTIER	ÉLÉMENTS DOMINANTS	PROPRIÉTÉS
Figuier	Lune	28 A	Eau/Air	Contre la stérilité
Fougère	Soleil	20 D	Feu/Air/Eau	Apporte gloire et renommée
Fraisier	Lune	28 A	Eau/Air	Protège le foyer
Framboisier	Lune	28 A	Eau/Air	Protège le foyer
Frêne (manne)	Terre	32 A	4 Éléments dominante Terre	Richesse matérielle
Fumeterre	Saturne	32 A	Eau	Protection – exorcisme – désenvoûtement
Gardénia	Soleil	24 D	Feu/Air/Eau	Sentiments élevés – inspiration – guérison
Genévrier	Soleil	25 D	Feu/Air/Eau	Protection – chance – inspiration
Gentiane jaune	Vénus	24 A	Feu (élevé)	Protège des passions amoureuses favorise les sentiments sincères
Géranium	Vénus	24 A	Feu (élevé)	Protège des passions – favorise les sentiments sincères
Germandrée	Terre	32 A	4 Éléments dominante Terre	Harmonise – active des vibrations très positives
Gingembre	Mars	19 →	Feu	Vitalité sexuelle – protection – force et puissance
Ginkgo	Terre	32 A	4 Éléments dominante Terre	Richesse matérielle – prospérité – vitalité
Ginseng	Terre	32 A	4 Éléments	Richesse – prospérité – vitalité – force sexuelle
Gui	Soleil	25 D	Feu/Eau/Air	Chance – guérison – protection
Guimauve	Lune	32 D	Air/Eau	Favorise la voyance – protège la maison
Héliotrope	Soleil	25 D	Feu/Air/Eau	Chance – protection – guérison – inspiration
Hêtre	Saturne	32 A	Eau	Pour implorer la remise des dettes karmiques pour aider les mourants et les décédés
Hysope	Soleil	25 D	Feu/Air/Eau	Chance et protection – voyance élevée
Iris	Lune	30 A	Eau/Air	Purifie le psychisme et favorise la voyance
Jacinthe	Jupiter	21 D	Eau	Élévation sociale – emploi – relations bancaires

Plantes	Sphères Cosmiques dominantes	Numéro de sentier	Éléments Dominants	Propriétés
Jasmin	Vénus	24 A	Feu (élevé)	Développe les facultés psychiques – attire l'amour
Laurier	Soleil	25 D	Feu/Air/Eau	Chance – protection – guérison – inspiration
Lavande	Lune	25 A	Air/Eau	Protège très fortement le psychisme et le purifie protège le foyer et les enfants – favorise la voyance
Lin	Soleil	26 D	Feu/Air/Eau	Protection – chance – guérison – inspiration – développe la haute voyance
Lotier corni-culé	Lune	25 A	Air/Eau	Apaise le psychisme et favorise la voyance
Lys	Lune mercure vénus	32 D	Feu/Air/Eau	Grand pouvoir sur le plan terrestre – purifie et protège
Marguerite	Soleil	24 D	Feu/Air/Eau	Sentiments élevés – inspiration
Marjolaine	Lune	25 A	Air/Eau	Protection du psychisme – paix
Maté	Vénus	29 D	Feu	Vitalité – puissance sexuelle – richesse
Matricaire	Soleil	25 D	Feu/Air/Eau	Attire les vibrations très positives
Mauve	Lune	25 A	Air/Eau	Détachement et paix – protection du psychisme et du foyer
Mélisse	Lune	32 D	Air/Eau	Protection du foyer et du psychisme
Menthe	Mercure	27 →	Eau	Apaise le système nerveux – favorise l'activité mentale
Millepertuis	Soleil	25 D	Feu/Air/Eau	Chance – protection – guérison – inspiration
Moutarde	Mars	19 →	Feu	Éloigne les ennemis – protection
Muguet	Mercure	30 D	Eau	Stimule l'intellect et attire l'argent
Myrtille	Vénus	24 A	Feu (élevé)	Paix affective – protection contre les passions amoureuses
Nénuphar	Lune	30 D	Eau/Air	Calme le psychisme – favorise la voyance

Plantes	Sphères cosmiques dominantes	Numéro de sentier	Éléments dominants	Propriétés
Noisetier	Mercure	27 →	Eau	Apaise le système nerveux – favorise l'activité mentale
Oignon	Mars	22 D	Feu	Assainit et protège
Olivier	Soleil	25 D	Feu/Air/Eau	Sagesse – chance – guérison – protection – inspiration
Oranger	Soleil	25 D	Feu/Air/Eau	Chance – attire des vibrations très positives
Orchidée	Vénus	29 D	Feu (dense)	Érotisme – favorise les passions amoureuses
Origan	Mercure	26 A	Eau	Protège des passions amoureuses fortifie le mental et apporte la liberté et la chance
Orme	Saturne	32 D	Eau	Justice – vérité
Ortie	Mars	23 D	Feu	Protection – force – éloigne les ennemis
Patience	Jupiter	21 D	Eau	Prospérité – attire l'argent
Pensée	Lune	32 D	Air/Eau	Protège le foyer – favorise les sentiments profonds
Pervenche	Lune	28 A	Air/Eau	Protège le foyer et le mariage
Peuplier	Soleil	26 D	Eau	Illumine le mental – tonifie le système nerveux
Piment	Mars	22 D	Feu	Force – protection – puissance – virilité
Pin	Mars	22 D	Feu	Force – protection – puissance – virilité
Pissenlit	Mercure	31 D	Eau	Attire l'argent – chance sur le plan matériel
Pistachier	Mercure	30 D	Eau	Attire l'argent – chance sur le plan matériel
Poirier	Vénus	24 A	Feu (élevé)	Favorise les sentiments élevés – les relations amoureuses
Pois de senteur	Vénus	24 D	Feu (élevé)	Favorise les sentiments élevés – les relations amoureuses
Poivrier	Mars	22 D	Feu	Force – protection – puissance – virilité
Pommier	Soleil	25 D	Feu/Air/Eau	Paix – guérison – chance – harmonie

Plantes	Sphères cosmiques dominantes	Numéro de sentier	Éléments dominants	Propriétés
Potentielle	Mars	23 D	Feu	Favorise l'activité mentale – protection mentale (contre les idées négatives)
Primevère	Vénus	29 D	Feu (dense)	« La folle passion… » !
Quinquina	Mars	22 D	Feu	Protection des lieux – exorcisme – désenvoûtement
Quintefeuille	Mars	23 D	Feu	Favorise l'activité mentale – protection mentale (contre les idées négatives)
Réglisse	Vénus	24 A	Feu (élevé)	Sentiments élevés – relations amoureuses sincères
Rhubarbe	Vénus	27 ←	Feu (élevé)	Sentiments élevés – relations amoureuses sincères – amitiés
Rue	Mercure	27 →	Eau	Calme le système nerveux – attire l'argent
Romarin	Soleil	25 D	Feu/Air/Eau	Guérison – lucidité – paix – protection
Rose pâle	Soleil	24 D	Feu/Air/Eau	Sentiments tendres et sincères
Rose rouge	Soleil	25 D	Feu/Air/Eau	Harmonie – sentiments divins – sainteté
Safran	Soleil	25 D	Feu/Air/Eau	Paix – guérison – chance – richesse – respectabilité – gloire
Salsepareille	Jupiter	21 D	Eau	Élévation sociale – emploi – richesse
Santal	Soleil	25 D	Feu/Air/Eau	Harmonie – paix – sainteté
Sarriette	Soleil	25 D	Feu/Air/Eau	Guérison – longévité – protection – chance
Sassafras	Lune	30 A	Air/Eau	Chance éphémère
Sauge	Soleil	25 D	Feu/Air/Eau	Protection – guérison – chance – prospérité
Scabieuse	Vénus	29 D	Feu	Allume les passions
Sceau de salomon	Saturne	32 D	Eau	Apporte la stabilité
Sésame	Soleil	25 D	Feu/Air/Eau	Engendre des vibrations positives
Sorbier	Soleil	25 D	Feu/Air/Eau	Engendre des vibrations positives
Souci	Soleil	24 D	Feu/Air/Eau	Harmonie – apaise les passions

Plantes	Sphères Cosmiques dominantes	Numéro de sentier	Éléments Dominants	Propriétés
Sureau	Vénus	27 ←	Feu	Protège des passions amoureuses et des envoûtements d'amour
Théier	Soleil	25 D	Feu/Air/Eau	Chance – favorise l'activité mentale
Thym	Soleil	25 D	Feu/Air/Eau	Richesse – santé – protection
Tilleul	Jupiter	21 D	Eau	Apporte la joie et dissout la mélancolie
Tomate	Mercure	27 →	Eau	Apaise le système nerveux – protège des passions amoureuses
Trèfle	Saturne	32 A	Eau	Purifie – éloigne les épreuves
Tulipe	Mercure	26 A	Eau	Protège des passions amoureuses – calme la vie affective
Valériane	Soleil	25 D	Feu/Air/Eau	Harmonie – guérison – paix – anti-dépression
Vanillier	Vénus	29 D	Feu (dense)	Érotisme – allume les désirs sensuels
Varech vésiculeux (algues)	Lune	32 D	Air/Eau	Protège de l'eau
Verveine	Vénus	24 A	Feu (élevé)	Purifie les émotions – favorise les sentiments élevés et la créativité artistique
Vétiver	Mars	23 D	Feu	Force – puissance – attirance sexuelle – vitalité
Violette	Vénus	28 D	Feu (dense)	Érotisme – passion amoureuse

Seconde partie

L'utilisation magique des plantes

Chapitre I

Les plantes et la magie du feu

Les rituels que nous allons présenter sont des moyens pour aboutir à des solutions dans des situations quotidiennes difficiles, voire inextricables, sans qu'une purification profonde de l'être soit nécessaire. Les résultats seront plus ou moins durables, mais ils auront le mérite d'exister.

Nos rituels sont donc radicalement différents de ceux que propose par exemple Alexandre Moryason dans son ouvrage par ailleurs remarquable. Car lui vise à une transformation radicale de l'être humain, à un nouvel aménagement du karma, à un changement de la destinée.

Notre propos à nous ne relève pas de la magie d'évolution, ni de la résolution de problèmes que suppose celle-ci. La magie de notre ouvrage fait appel au concours des forces mineures, qui ont le pouvoir de nous aider. Nous utiliserons les hiérarchies élémentales, guidées par Dieu, qui opèrent sur un plan relativement proche de notre monde matériel. Nos conseils pratiques peuvent être suivis tels que nous les indiquons.

Chapitre II

Les procédés magiques

Nous allons considérer les instruments nécessaires à une utilisation magique des plantes, la charge des herbes et, enfin, les opérations que l'on peut réellement effectuer.

Les instruments

Les plantes et accessoires divers

Munissez-vous de pots pour enfermer vos plantes. Oui, vous avez bien lu « enfermer » car il faudra les isoler dans un placard afin que la lumière du jour n'altère pas leurs propriétés.

Ces pots ou ces bocaux pourront être en verre, en terre (porcelaine, faïence) mais surtout pas en métal.

Il faut veiller aussi à ce qu'aucun regard indiscret ne perturbe le « repos » des plantes dans le placard ; ne les montrez donc pas à vos amis.

Mélangez les plantes, qui se présentent généralement sous la forme de poudre, avec une cuillère en bois.

Pour compenser l'absence des conditions traditionnellement requises pour la cueillette, nous allons vous donner un procédé de « charge » qui rendra aux végétaux leurs vertus premières.

Ayez du papier blanc, un crayon, des ciseaux, des étiquettes autocollantes et une petite boussole.

L'autel

Vous aurez à mélanger les plantes, à les charger et à effectuer toutes les opérations magiques sur un autel qui pourra être une petite table, une étagère ou une commode transformée ponctuellement en autel.

Il n'est pas nécessaire que cet autel soit permanent. Vous pourrez le dresser juste avant de commencer la préparation et la cérémonie, et ensuite remettre chaque chose à sa place. Ainsi, personne ne pourra soupçonner que des pratiques « étranges » ont lieu dans la maison.

N'oubliez pas de disposer d'une nappe blanche toujours immaculée, d'avoir deux chandeliers et une image représentant l'aspect divin qui vous touche le plus, suivant votre religion (la Vierge, le Christ, quelques versets du Coran retranscrits, quelques phrases de la Bible – de préférence de la Genèse écrite en hébreu –, le Bouddha, une divinité de la Trimurti, etc.)...

Disposez l'autel selon le dessin ci-dessous :

Les vêtements rituels

Ce seront des vêtements ordinaires (pantalon, pull, jupe, etc.) mais qui devront être très propres.

Selon les possibilités de chacun, une sorte de tunique, une robe blanche et longue pourra être portée, que l'officiant soit un homme ou une femme.

Après chaque cérémonie, il faudra ranger ces vêtements dans le placard où sont disposés les pots de plantes.

La charge

Notre propos n'est pas de discourir sur les pouvoirs de la radionique. Remarquons néanmoins que cette science propose des moyens très sûrs pour charger un objet et pallier notre visualisation éventuellement déficiente.

Moyen de radionique

Le décagone qui est reproduit ci-dessous est ce moyen. Voici comment procéder :

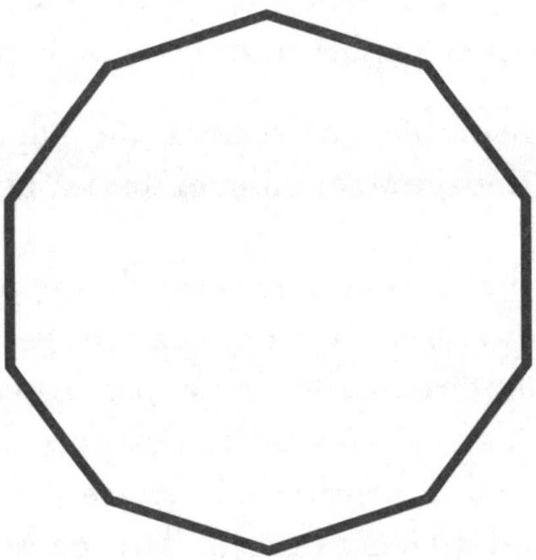

- Faites des copies de ce dessin, avec une règle et un crayon de papier (surtout pas de stylo-feutre !). Redessinez les dix côtés en veillant à ce que la figure entière soit bien fermée et que tous les traits aient été couverts par le crayon.
- Versez la quantité de poudre dont vous aurez besoin dans un bol et posez celui-ci au centre de la figure.
- Sur un morceau de papier, écrivez, toujours au crayon de papier (l'encre de Chine convient également), le nom de la plante (par exemple « fleurs de violette ») puis le sym-

bole traditionnel de l'élément dominant en action (vous le trouverez dans le tableau p. 141). Il est conseillé d'écrire ce symbole de la couleur correspondant à l'élément, avec un stylo-feutre ou un crayon de couleur. Ces couleurs sont indiquées en note au bas de ce tableau.

* Placez ce papier sous le bol, de façon à ce que le haut des lettres soit dirigé vers le nord et le bas (jambages de lettres) vers le sud.

* Sur un autre morceau de papier, de même taille que le précédent, écrivez au crayon la propriété magique de la plante. Par exemple, s'il est question de la violette : « Amour fou ». Glissez également ce papier entre le bol et le premier papier.

* Laissez l'ensemble (morceaux de papier et bol) dix minutes sur le décagone et enlevez-le. La poudre est prête.

Pour ne pas avoir à recommencer cette charge avant d'utiliser à nouveau la même poudre, vous pouvez charger le pot entier, à condition que le diamètre du pot ne soit pas trop grand. Car il est difficile de trouver dans le commerce des pots d'un diamètre de 5 centimètres environ, dimension nécessaire pour un usage efficace du décagone tel qu'il est dessiné dans ce livre. Sinon, nous vous conseillons d'agrandir la figure lorsque vous en ferez la copie.

Une fois le pot de poudre chargé, collez-y une étiquette sur laquelle seront rappelés le nom de la plante et sa propriété. Dans le cas qui nous occupe : « Violette – affaires amoureuses, passion et érotisme ». Puis rangez-le dans votre armoire.

Vous pourrez ainsi, en une seule journée, charger de nombreuses plantes et préparer une fois pour toutes les futures opérations magiques que vous serez amené à faire. Imaginez alors les divers domaines de la vie quotidienne qui peuvent appeler une action magique : santé du psychisme et antidépression, demande de guérison de malades, argent, emploi et promotion sociale, amour et problèmes affectifs, protection des enfants et du foyer, développement intellectuel et examens…

La visualisation

Avant de réaliser un rituel, il faut que vous visualisiez intensément, en le ressentant fortement sur le plan émotif, le résultat que vous souhaitez obtenir d'une opération magique.

Prenez ensuite l'équivalent de trois cuillères à soupe (utilisez une cuillère en bois, pas en métal !) du pot contenant la plante sollicitée et versez-les dans un bol.

Tenez celui-ci à deux mains au niveau de votre plexus solaire et, dans cette position, pensez au but recherché. Visualisez-en les effets, puis penchez la tête vers ce récipient de façon à ce que vos lèvres effleurent le bord. Énoncez alors (trois à sept fois) doucement, à voix basse (en faisant attention que votre souffle ne fasse pas voler la poudre), le souhait qui vous tient à cœur puis commencez aussitôt la cérémonie.

Opérations magiques diverses

Plusieurs procédés existent et nous conseillons de les entreprendre tous afin de renforcer l'action magique et que soit ainsi accélérée la manifestation du résultat.

Travaillez selon l'ordre chronologique suivant :

1. La magie du feu ;
2. Les bains magiques ;
3. Les onguents magiques ;
4. Les poupées magiques.

La magie du feu

Faites brûler des bougies dont la couleur varie selon l'objectif du rituel.

Dans cette cérémonie, vous-même – ou la personne qui bénéficiera des effets de l'opération – serez représenté par une bougie ; une autre bougie captera la solution du problème qui a provoqué le rituel et plusieurs autres bougies figureront la solution attendue.

Quelle que soit l'intention du rituel, les bougies devront former la même figure, un hexagramme à six pointes avec, au centre, la bougie de l'officiant et celle ayant la charge de capter.

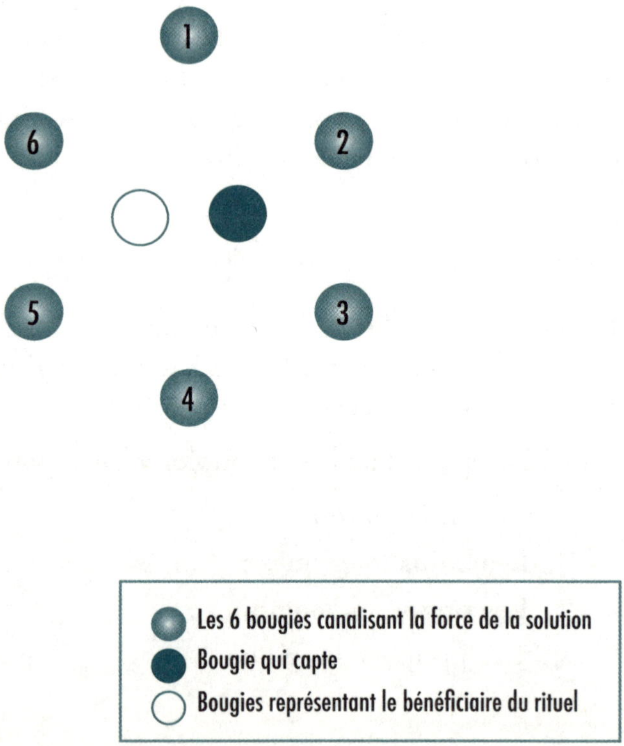

Chaque rituel, décrit dans les pages qui suivent, ne doit durer que le temps de combustion des bougies.

Il pourra être renouvelé après un laps de temps de sept jours, si besoin est, si vous le ressentez ainsi.

La cérémonie a lieu sur l'autel, devant l'image vous inspirant que vous aurez choisie au préalable.

Les bougeoirs seront en verre ou en métal, et jamais en plastique car la bougie doit fondre entièrement, le feu risquerait de consumer aussi le bougeoir.

Évitez de quitter votre domicile pendant que les bougies brûlent (environ sept heures).

L'opération peut être entreprise à l'aube, dans la journée ou pendant la nuit si cela convient le mieux, mais à l'heure astrologique adéquate (celle-ci sera définie pour chaque rituel). Vous trouverez à la fin du présent ouvrage le calcul des heures planétaires (voir p. 259).

Les bains magiques

Prenez régulièrement des bains magiques dans de l'eau tiède, presque froide, dans laquelle auront été versées quelques gouttes d'essence de plantes ou encore du sel et des plantes.

Avant de vous immerger dans l'eau, bénissez le tout. Tracez un signe de croix en disant : « Au nom du Dieu vivant, cette substance est bénie. Amen. » Vous devez savoir que ce signe n'est pas particulier aux chrétiens. En effet, il représente les quatre éléments équilibrés par l'esprit de Dieu ; il peut donc être effectué par tous.

Dans la baignoire, restez concentré sur la solution de votre problème et avec vos mains, passez-vous de l'eau sur tout le corps. Vous devez rester dix minutes dans ce bain. Lorsque vous en sortirez, remerciez Dieu de vous aider par l'entremise des êtres agissant dans Sa Création, notamment par l'Eau. Vous ne vous rincerez pas.

Si vous ne disposez pas de baignoire mais seulement d'une douche, remplissez une cuvette d'eau fraîche, ajoutez-y du sel et les plantes ou les essences nécessaires, bénissez l'ensemble et, après être entré dans la douche avec la cuvette, faites couler de l'eau sur vous en frottant votre corps de la préparation contenue dans la cuvette. Arrêtez l'eau et sortez de la douche en gardant sur vous ce qui reste du mélange sel + plantes ou essences. N'oubliez pas de remercier la puissance divine.

Nettoyez ensuite la baignoire ou la douche, comme vous le faites d'habitude, et rincez les dépôts de plantes.

Pour renforcer l'action magique de ce bain ou de cette douche, il est recommandé de faire brûler dans la salle de bains, posée sur un tabouret ou une commode, une bougie (sa couleur sera précisée à chaque rituel) pendant que s'élèvent les fumigations d'encens et du mélange de plantes utilisé pour le bain. Ceci est facultatif, mais s'est révélé très efficace.

Si vous ne disposiez ni d'une baignoire ni d'une douche, vous feriez la préparation eau + sel + plantes dans une cuvette. Vous la béniriez, vous vous déshabilleriez et, pendant que brûlent bougie, encens et plantes, vous vous en enduiriez le corps en mettant un soin particulier à masser la nuque, la région du cœur, le plexus solaire et les pieds.

Les onguents magiques

Les onguents sont des crèmes à base d'un liniment auquel on ajoute des substances végétales. Ceux-ci agissent, sur le plan magique, en transformant la vibration qu'émettent les centres psychiques de l'être humain. Il faut donc enduire de cet onguent les parties du corps correspondant à ces centres.

L'action des onguents est plus efficace la nuit que le jour ; on les utilisera donc après avoir pris un bain ou une douche, le soir avant de se coucher.

Si l'onguent est destiné à une autre personne, on le préparera en donnant les instructions d'usage au bénéficiaire et en lui précisant qu'il faut prendre un bain ou une douche.

Composition de l'onguent

La vaseline neutre (non mentholée) vendue en pharmacie en constituera la base. On y ajoutera un mélange de plantes qui auront été chargées au préalable selon le procédé expliqué précédemment (voir p. 157).

Préparation de l'onguent

Allumez deux bougies blanches, dressées sur le petit autel, de part et d'autre de l'image sacrée. Après une prière demandant la protection et l'aide divine, videz le contenu de quatre à cinq tubes de vaseline dans un grand bol en terre ou en verre. Ajoutez la mixture de plantes qui conviennent au rituel et mélangez le tout à l'aide d'une cuillère en bois.

Pendant tout le temps que vous procéderez à ce mélange, pensez fortement à ce que sera sa destination et dites-le à haute voix. Par exemple : « guérison de lésions éthériques ».

Versez la préparation dans un pot de terre ou de verre (attention, le couvercle ne devra pas être métallique). Ce type de récipient se trouve en pharmacie.

Charge de l'onguent

Sur un petit morceau de papier, écrivez au crayon le souhait que vous souhaitez voir exaucé. Placez-le, ainsi que le pot d'onguent, sur le décagone.

Dix minutes plus tard, ôtez le papier et le pot de cette figure active. Enveloppez le pot de soie blanche et rangez-le à l'abri des regards importuns.

Les poupées magiques

La confection de poupées bourrées de plantes, chargées d'un souhait ou d'un désir, est une pratique très puissante et très ancienne.

La poupée peut être également façonnée en cire, que l'on pétrit jusqu'à lui donner une forme humaine sexuée, homme ou femme. Les attributs sexuels doivent être nettement indiqués.

Nous ne livrerons pas ici le procédé complet de confection des poupées à usage magique car cette opération comporte plus de dangers qu'elle n'offre d'avantages.

Nous déconseillons donc à nos lecteurs de confectionner des poupées et de les bourrer de plantes, même avec des intentions tout à fait louables et bénéfiques ! Car ce phénomène dépasse en général les capacités magiques d'un individu normal qui n'aura jamais pratiqué sérieusement la magie, n'ayant pas au préalable travaillé suffisamment sur la purification de sa structure élémentale.

Vous savez à présent tout ce qui vous sera nécessaire pour mettre en œuvre le pouvoir invisible – mais bien réel – des plantes.

Ce pouvoir est dirigé par des courants cosmiques, laissés à la discrétion d'êtres travaillant sur des plans subtils et obéissant à des hiérarchies bien précises.

Lorsque vous opérerez, vous n'aurez à vous occuper ni de ces êtres ni de leur hiérarchie, laissant ainsi la force divine les diriger par votre simple prière.

Parce que vous ferez appel à Dieu pour agir en premier ressort (sa puissance et la seule évocation de son nom mettront de l'ordre dans tout le processus), vous devrez, pour que cela fonctionne, obéir à certaines règles.

Chapitre III

Les règles du succès

Il faut absolument appliquer quatre règles très importantes pour que vos opérations magiques soient couronnées de succès.

1. Le résultat attendu doit être réalisable

La réalisation de votre désir doit obéir aux lois universelles (ou lois de la nature), sinon ce dernier ne se produira pas, quel que soit le type de magie que vous mettrez en œuvre. N'oubliez jamais que la magie ne fait que suivre ces lois, et de la plus rigoureuse façon.

Ainsi, si vous rêvez de devenir, en très peu de temps, un grand magistrat ou… (allons plus loin dans le fantasme !) un roi, alors que vous n'avez même pas votre baccalauréat ou que vous n'êtes pas vous-même fils de roi, eh bien, vous pourrez rêver longuement, cela ne dérangera personne, mais soyez certain que votre entreprise magique sera vouée à l'échec !

Il faut donc, avant d'agir, réfléchir en toute lucidité sur votre situation réelle, ne pas vous cacher vos manques et tenter d'y remédier sans recourir à la magie des plantes, qui ne peut évidemment transformer votre nature.

Quelques exemples sont utiles :

Vous recherchez un emploi : N'attendez pas les bras croisés que celui-ci vienne du ciel parce que vous avez eu recours à la magie. Le proverbe « Aide-toi et le Ciel t'aidera » s'applique pertinemment à votre cas. Lisez les offres d'emploi et répondez à celles qui paraissent correspondre à vos compétences. Ne laissez pas galoper une imagination farfelue (« je serai président-directeur général de cette société » alors que vous attendez simplement un rendez-vous au cours duquel vous postulerez pour un emploi de cadre moyen !). Prenez en compte vos diplômes et votre *curriculum vitæ*.

Ce bilan réaliste effectué, mettez toutes les chances de votre côté en suivant la voie du bon sens : vérifiez votre tenue, la propreté de votre corps et de vos vêtements, etc. et ensuite seulement, entreprenez une opération magique, en étant bien sûr que tout ce qui ressort du domaine concret et dépend de vos efforts a été accompli !

Vous êtes amoureux ou amoureuse : Tenez compte de la situation sentimentale de la personne que vous aimez. Est-elle libre ? Déjà engagée dans d'autres liens ? Dans la seconde hypothèse, sachez que toute action magique serait destructrice et contreviendrait à la règle numéro deux (voir ci-dessous). Cette personne est libre mais elle vous a quitté ? Faites un effort d'introspection : êtes-vous égoïste ou grossier ? Votre apparence physique est-elle négligée, à la limite du manque de propreté ? Votre présence n'est-elle pas trop pesante ? Changez tout cela par des efforts assidus, car aucune magie ne pourra pallier votre manque d'éducation et votre laisser-aller. En fait, la solution de nombreux problèmes sentimentaux réside dans le respect d'autrui et la politesse la plus élémentaire, sans laquelle toute vie en société n'est que de la sauvagerie maquillée de civilité artificielle.

Si vous ne suivez pas cette règle, toutes les opérations magiques du monde n'y pourront rien !

2. L'action magique doit être fondée sur le bien

Certains parmi vous pensent peut-être que des résultats sont obtenus chaque jour par des gens qui veulent faire le mal, à travers ce qu'ils appellent à tort « magie » et que cette deuxième règle n'a aucune valeur par elle-même.

Soit ! La sorcellerie est encore pratiquée, hélas, et il est vrai qu'elle donne des résultats rapides souvent stupéfiants. On occulte cependant, par ignorance ou perversité, le caractère éphémère et factice de ce résultat (un retour d'affection effectué de cette façon aboutit au départ soudain, à peine un mois après le travail occulte, de la personne qui était « revenue » contre sa volonté et son destin). Plus graves encore sont les conséquences pour celui ou celle qui avait commandé le travail : accident, maladie ou perte d'un parent cher est le prix à payer. Ces conséquences funestes peuvent tarder à se manifester, mais inéluctablement, exactement comme une pendule ne sonne pas avant qu'il soit l'heure, elles frapperont. Et n'évoquons pas le sort bien pire qui attend le sorcier !

En fait, employer le mot « magie » pour couvrir de telles pratiques maléfiques est tout à fait incorrect. La magie est une science sacrée et ces actions noires n'en sont que des déviations stupides et malencontreuses.

Pour bénéficier d'un résultat réel et stable en magie, il faut observer les lois universelles qui sont toutes programmées pour réaliser le bien et l'harmonie. Même lorsqu'une destruction se produit par une juste mise en action de ses forces, la magie œuvre pour restaurer la vie. On fait mal pour percer un abcès et sauver ainsi de la gangrène ! Ainsi détruit-on les structures inadaptées à un nouveau courant de vie, à une destinée nouvelle.

Toute opération magique doit tendre vers le bien d'autrui. On ne fera donc rien qui puisse spolier quelqu'un pour s'enrichir, attirer une personne déjà liée à une autre, demander la protection divine alors que l'on n'arrête pas de calomnier et de médire.

La règle qui exige une éthique fondée sur le bien et la quête de l'harmonie est absolue et aucun usage magique des plantes ne vous donnera de satisfaction véritable si vous essayez de la contourner. Bien au contraire, vous deviendrez alors votre propre bourreau, l'unique cause des malheurs qui s'abattront sur vous.

3. Une discrétion totale est nécessaire

Lorsqu'on parle de ses projets, on dilapide la force, en activité sur le plan mental (un projet n'est qu'une pensée, à cet instant). En en parlant, on met ainsi fin à sa « descente » sur le plan psychique, puis physique, domaine où elle devait aboutir (le projet réalisé) ; alors tout avortera !

Lorsqu'on raconte à tout un chacun (qui, au passage, absorbe l'énergie) une affaire très intéressante qui va se réaliser (tout est prêt, les rendez-vous sont pris, etc.), on la compromet fortement car la force est en pleine activité, densifiée sur le plan psychique, et va d'un jour à l'autre se manifester : ce sera la conclusion heureuse de l'affaire. En parlant, on appauvrit donc la force en condensation et il arrive fréquemment pour cette raison que, tels des ballons de baudruche, des affaires apparemment bien engagées « éclatent » au dernier moment !

Si l'énergie se disperse, comme on vient de le montrer, quand le cours normal des activités humaines est concerné, imaginez combien la force est encore plus précieuse lorsqu'est entreprise une opération magique !

En effet, l'émotion et la pensée de vos interlocuteurs vont littéralement s'accrocher au bloc d'énergie que vous mettez en mouvement par votre magie. Ils se comporteront en parasites qui, sans le savoir bien sûr, pomperont à leur tour à cette source, même si, dans leur conscience, ils rejettent la magie par méconnaissance de ce qu'elle est vraiment !

Si, en outre, vous montriez à vos amis votre autel et l'armoire emplie de bocaux de plantes, de bougies, de charbons et d'encens… le simple regard de ces personnes « salirait » vos instruments magiques !

Il faut donc bien comprendre que, s'il est préférable en général d'être discret pour réussir dans la vie, lorsque l'on évoque la magie, le silence est de rigueur.

4. Lâchez prise

Lorsque vous avez écrit une lettre, vous la laissez tomber dans la boîte aux lettres pour que le facteur la ramasse et qu'elle arrive à bonne destination !

Il en va de même pour la réalisation de nos désirs. Il faut savoir oublier ce que l'on souhaite une fois la charge, par visualisation, et l'opération magique effectuées. Si l'on pense continuellement, et surtout de façon angoissée, à ce qui nous tient tant à cœur, à l'action magique entreprise, on retient la force prisonnière dans notre aura et on l'empêche d'agir.

La règle du lâcher-prise, un des grands principes sur la voie spirituelle, s'applique pleinement ici.

Ces quatre règles devront être respectées si l'on veut obtenir quelque succès dans les divers domaines des activités humaines.

Chapitre IV

Les domaines du succès

Nous attendons, nous exigeons tout de la vie, des plaisirs et des joies, dans tous les domaines imaginables. Et lorsqu'un de ces domaines ne couronne pas nos attentes, nous oublions vite ce qui nous a été favorable par ailleurs, pour polariser notre attention sur ce qui nous déçoit. Sans oublier de nous plaindre, bien entendu.

La clé fondamentale du succès est une positivité absolue, qui implique un inventaire honnête de tout ce que l'existence nous a offert de bon.

Considérez « tout ce qui va bien ». La santé ? Un foyer uni ? Des enfants en forme et gentils ? De l'argent ? Un métier que l'on exerce sans ennui, et même avec passion ? Des amis ?

Considérez ensuite « tout ce qui ne va pas » et dressez le bilan.

Soyez reconnaissant de tout ce qui vous a été octroyé et, visant les aspects négatifs, voyez en toute lucidité **ceux qui dépendent de vous**, pour les changer.

Lorsque vous aurez admis ce processus, vous pourrez entreprendre une action magique, sachant dans votre for intérieur que la démarche essentielle de demande a déjà été effectuée.

Nous proposons plusieurs opérations possibles (rituel du feu, bains magiques, onguents, sachets, etc.) en vous conseillant de les faire toutes, car vous renforcerez ainsi l'intensité de votre demande. S'il ne vous est possible, pour des motifs d'organisation personnelle, de n'en faire qu'une ou deux, ne pensez pas que vous allez échouer ! Faites ce que vous pouvez, mais avec la plus grande sincérité.

Nous allons donc répertorier ce qui peut être réalisé sur le plan magique dans chaque domaine de la vie.

Utilisation des bougies : *Dans la plupart des rituels, vous trouverez un rituel d'ouverture et un rituel de rappel.*

Si nous indiquons que douze bougies sont nécessaires, dont six pour le rituel d'ouverture, les six qui restent seront employées dans le rituel de rappel, au rythme d'une bougie par jour. Cela s'applique à tous les rituels présentés.

L'heure du rituel : *Pour déterminer l'heure planétaire à laquelle effectuer les rituels, reportez-vous aux annexes* *(voir p. 259)**.*

La santé, la paix, la joie de vivre

La santé du corps est une résultante de la santé de l'âme, c'est-à-dire d'une façon de penser et de ressentir ; nos idées et nos émotions devraient être fondamentalement positives. Il en va de même pour la paix et la joie de vivre.

Or, cet état positif privilégié est très rare pour nous tous, et nos petites ou grandes maladies sont les signes de nos imperfections. Nous ne nous étendrons pas sur le sujet, un peu en dehors de notre propos, mais nous verrons que le type de magie que nous divulguons peut calmer provisoirement notre psychisme.

Les rituels que nous allons vous indiquer concernent donc la dépression, la tristesse permanente, l'oppression et la peur nocturnes, les cauchemars, la fatigue au réveil, l'irritabilité de chaque jour, le manque de confiance en soi et le déficit de joie de vivre.

Nous vous conseillons de faire ces opérations magiques avant de vous lancer dans celles qui correspondent plus exactement à vos problèmes. En effet, une partie de la solution de ceux-ci réside sûrement dans un état de confiance et de joie retrouvées, un sommeil paisible et un comportement quotidien marqué par la tolérance et la bonne humeur.

Les pratiques qui suivent ont donc pour but de rétablir la clarté de la pensée, du psychisme ainsi que la vitalité physique.

Elles peuvent également être entreprises pour demander la guérison d'une personne malade physiquement.

Si la situation est d'une gravité particulière, commencez par les opérations magiques relatives à la protection (dégagement, désenvoûtement…).

Deux types de rituels sont nécessaires pour obtenir une meilleure vitalité et la purification du psychisme. Le premier sollicite l'élément Eau (Jupiter et Lune) qui apaise et nettoie. Le second, sur le terrain ainsi revivifié, apporte l'énergie solaire à l'électromagnétisme parfait.

Action des sphères lunaire et jupitérienne

Rituel du feu

Douze bougies de couleur bleu pâle ou bleu roi, une bougie blanche et une autre de couleur or sont nécessaires.

Rituel d'ouverture

Ce rituel doit être fait un lundi ou un jeudi à l'heure de la Lune ou de Jupiter, en Lune montante.

Il peut être entrepris de nuit ou de jour.

Lavez-vous, endossez des vêtements propres et dressez votre autel.

Faites une prière sincère en précisant bien ce que vous voulez (la paix, la joie, la protection contre les attaques nocturnes ou encore la guérison d'une maladie que vous nommerez).

Allumez un charbon, posez-le dans votre encensoir. Dès qu'il est suffisamment incandescent, jetez-y une pincée de :

- encens pontifical ;
- anis ou alchémille ;
- arbousier ;
- camphre ;
- chou ;
- lavande ;
- tilleul ;
- sel.

Disposez les bougies selon le schéma suivant :

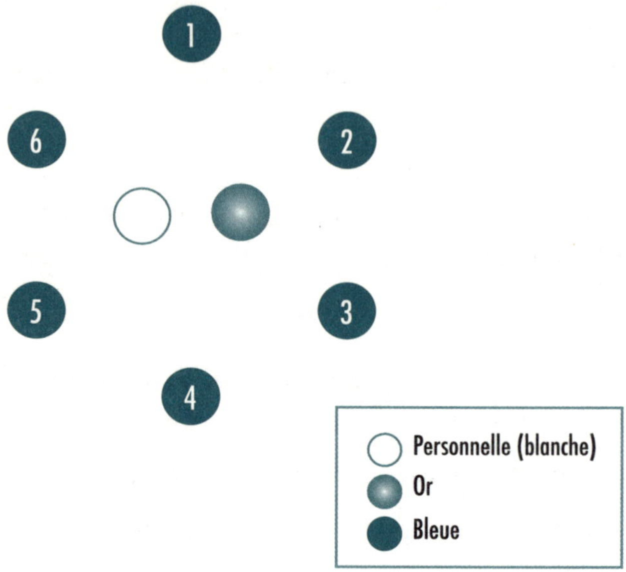

Mettez six bougies bleues de côté.

Pendant que s'élèvent les fumerolles porteuses des vibrations en harmonie avec votre demande, allumez les six bougies bleues en suivant la façon dont elles sont numérotées sur le schéma.

Allumez la bougie blanche qui figure votre présence (ou celle du malade) dans ce rituel. Dites bien, à haute voix, de qui elle est la manifestation.

Allumez la bougie or, et demandez à haute voix qu'elle condense le pouvoir solaire d'attraction.

Priez encore. Restez assis devant les bougies allumées, tout en faisant brûler de l'encens et les plantes déjà citées.

Après environ quinze minutes, remerciez Dieu de son aide et laissez toutes les bougies se consumer entièrement.

Lorsqu'elles seront toutes éteintes, ôtez l'encensoir, les bougeoirs et la nappe et nettoyez-les.

Rituel de rappel

Tous les jours, et pendant les six jours qui suivent, à l'heure de la Lune ou de Jupiter, allumez un charbon et faites brûler le même mélange d'encens et de plantes que vous avez utilisé pour le rituel d'ouverture.

Allumez une seule bougie bleue, et priez en renouvelant votre demande.

Laissez la bougie se consumer jusqu'au bout.

Ce rituel peut être effectué de nuit comme de jour.

Bains magiques

Jetez dans de l'eau fraîche ce mélange de plantes, ainsi qu'une bonne poignée de sel et dix gouttes d'essence de basilic.

Bénissez ce bain.

> *Procédé facultatif : Si vous le souhaitez, allumez une bougie bleue et un charbon sur lequel se consumeront un peu d'encens et une pincée du mélange de plantes indiqué.*

Entrez dans l'eau et massez bien les centres psychiques (sommet du crâne, nuque, entre les deux sourcils, cœur, sternum, ombilic, sexe, genoux, plante des pieds).

Restez ainsi environ dix minutes, en vous concentrant sur l'action de l'élément Eau et celle des plantes qui agissent pour nettoyer votre psychisme et vous apporter clarté et joie.

Sortez du bain ; ne vous essuyez pas.

Remerciez les puissances de l'Eau et celles qui gouvernent les plantes utilisées de vous avoir purifié.

Vous devrez prendre le même bain tous les soirs de la semaine pendant laquelle vous effectuerez le rituel du feu. La semaine terminée, continuez à prendre le même bain, le plus souvent possible, lorsque vous le pouvez.

Onguent

Procédez, en suivant les explications p. 163, en utilisant le même mélange de plantes et en ajoutant cinq gouttes d'essence de basilic.

Appliquez l'onguent le soir sur le plexus solaire, l'épaule gauche, la hanche droite, les genoux et la plante des pieds.

Action sur la sphère solaire

Rituel du feu

Il faut que vous ayez treize bougies or et une blanche.

Rituel d'ouverture

Ce rituel doit être fait le dimanche à l'heure du Soleil, en Lune montante, le matin ou dans la journée, mais ni le soir, ni dans la nuit.

Faites votre toilette, endossez des vêtements propres et dressez votre autel.

Prononcez une prière sincère, précisant que vous demandez la santé, la vitalité, la paix et la joie.

Allumez un charbon. Placez-le dans votre encensoir et dès qu'il est incandescent, jetez dessus une pincée de plantes solaires.

Par exemple :

- encens pontifical ;
- angélique ;
- alysse ou buis ;
- germandrée ;
- gui ;
- laurier ;
- safran ;
- valériane ;
- sel.

Disposez les bougies selon le schéma suivant :

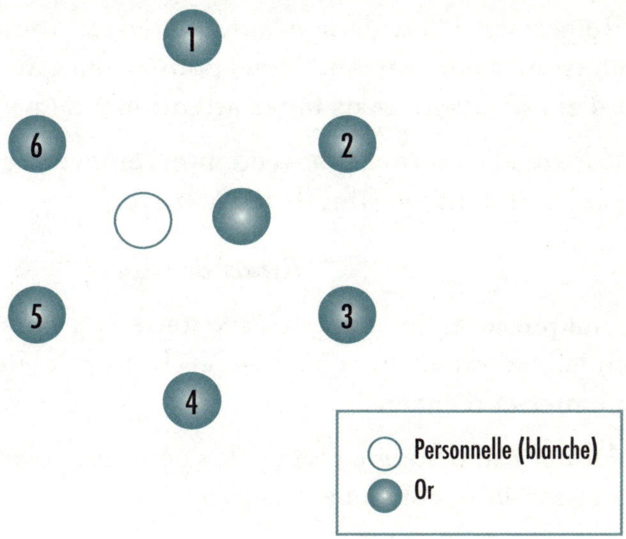

Il doit vous rester six bougies or. Mettez-les de côté.

Pendant que s'élèvent les fumigations porteuses des vibrations de vie, de paix et d'harmonie, allumez les six bougies or, dans l'ordre de numérotation indiqué sur le schéma et pensez au caducée de Mercure, symbole de la guérison.

Allumez la bougie blanche, celle qui représente la personne bénéficiaire du rituel (vous-même ou bien quelqu'un que vous souhaitez aider) et précisez bien à haute voix qui cette bougie manifeste.

Allumez la bougie or centrale et rappelez à haute voix qu'elle condense le pouvoir d'attraction du bien.

Concentrez-vous sur ce que vous allez demander. Méditez et restez ainsi pendant environ quinze minutes, devant les bougies allumées, en faisant brûler l'encens et le mélange de plantes approprié.

Remerciez Dieu de son aide et laissez toutes les bougies se consumer entièrement. Vous pouvez faire autre chose pendant qu'elles brûlent, mais faites attention à ne pas être bruyant.

Lorsqu'elles seront toutes éteintes, enlevez l'encensoir, les bougeoirs et la nappe afin de les nettoyer.

Rituel de rappel

Chaque jour, pendant les six jours qui suivent, à l'heure du Soleil, allumez un charbon et brûlez le même mélange de plantes et d'encens.

Allumez une bougie or, et priez en renouvelant votre demande. Laissez-la se consumer jusqu'au bout.

Bains magiques

Suivez les instructions p. 161 concernant les bains magiques.

Utilisez un mélange de plantes solaires (angélique, alysse, etc.) et ajoutez dix gouttes d'essence de basilic.

La bougie que vous pouvez allumer pendant votre bain sera de couleur or.

Autre procédé

Un onguent ne paraît pas nécessaire. En revanche, il est conseillé d'asperger d'essence de basilic et de menthe votre chambre à coucher (édredon, couette, dessus-de-lit, rideaux, tapis, etc.).

Dès que vous sentirez une amélioration de votre santé, qu'elle soit psychique ou physique, faites un don.

Protection et purification

De nombreuses personnes ont l'impression qu'elles sont victimes d'envoûtement. L'angoisse qui les étreint à cette idée amplifie le phénomène de déstabilisation qu'elles ressentent.

Quelle que soit la raison de ce sentiment d'insécurité, une ambiance peut réellement être négative et provoquer échec sur échec ; des entités maléfiques peuvent être continuellement autour de nous et devenir la source d'ennuis et d'accidents de toutes sortes. Il faut donc demander la protection divine.

Les pratiques magiques qui sont proposées dans ces pages en appellent à la grâce divine pour qu'elle écarte « la poisse » qui vous poursuit. Il s'agit de rituels destinés à la sphère de Saturne.

Dans un second temps, on sollicitera le concours de forces solaires, dispensatrices de bien-être, de protection et de paix.

Action saturnienne : appel de la grâce divine

Rituel du feu

Il vous faudra quatorze bougies violettes, une bougie blanche et une autre de couleur or.

Rituel d'ouverture

À faire un samedi à l'heure de Saturne, en Lune descendante. Ce rituel peut avoir lieu le jour, mais le soir ou la nuit sont préférables.

Prenez une douche, endossez des vêtements propres et dressez votre autel.

Faites une prière sincère en ajoutant que vous implorez la protection divine contre tout environnement négatif.

Allumez un charbon, posez-le dans votre encensoir. Dès qu'il vient à incandescence, ajoutez-y une pincée de :

- encens de Jérusalem ou pontifical ;
- absinthe ;
- chicorée ;
- cyprès ou céleri ;
- lavande ;
- quinquina ou coïx ;
- sel.

Disposez les bougies selon le schéma suivant :

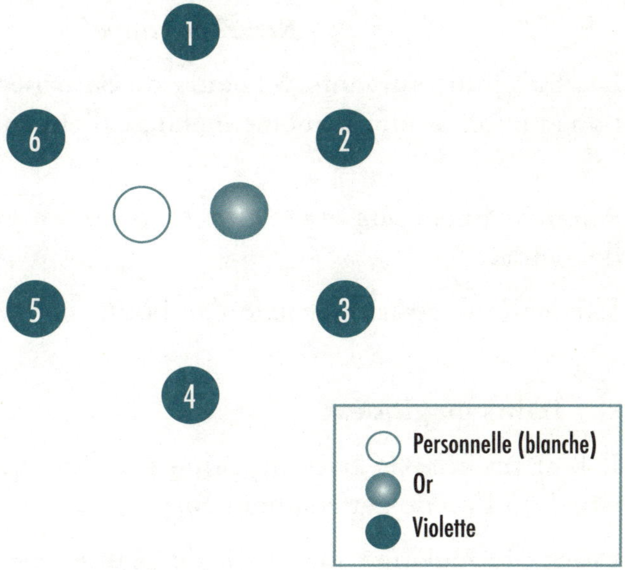

Il reste huit bougies violettes. Mettez-les à part.

Pendant que s'élèvent les volutes de fumée porteuse des vibrations saturniennes, allumez les six bougies violettes en suivant l'ordre du croquis.

Allumez la bougie blanche qui vous représente (ou qui manifeste une autre personne si vous faites ce rituel pour aider autrui).

Allumez la bougie or. Affirmez à haute voix qu'elle condense le pouvoir d'attraction du bien.

Priez à nouveau et restez assis devant les chandelles, en faisant brûler l'encens et les plantes nécessaires.

Après environ un quart d'heure, remerciez Dieu de son aide. Laissez toutes les bougies se consumer entièrement, mais vous pouvez maintenant vous lever et vaquer à vos occupations dans l'appartement pendant ce temps.

Rituel de rappel

Les huit jours suivants, à l'heure de Saturne, allumez un charbon et faites brûler le même mélange d'encens, de plantes et de sel.

Allumez une bougie violette et priez en renouvelant votre demande.

Laissez-la se consumer jusqu'au bout.

Bains magiques

Il faut prendre le bain magique pendant que l'on effectue le rituel du Feu de cette sphère cosmique.

Prenez le mélange saturnien de plantes et d'encens (encens, absinthe, chicorée, etc.).

Bénissez ce bain.

Allumez une bougie violette. Si vous souhaitez que votre demande soit plus forte, jetez un peu de ce mélange sur un charbon ardent.

Entrez dans le bain et massez bien les centres sensibles que nous avons énumérés précédemment.

Dix minutes plus tard, sortez de l'eau et remerciez les puissances élémentales de l'Eau.

Il faut prendre ce bain chaque soir de la semaine pendant laquelle se déroule le rituel du feu de Saturne.

Sachets de protection

Voir p. 187.

Action solaire

Rituel du feu

Ayez treize bougies de couleur or, plus une blanche.

Rituel d'ouverture

Ce rituel doit être effectué le dimanche à l'heure du Soleil, en Lune montante, uniquement de jour. Il faut l'effectuer trois semaines après que la cérémonie saturnienne soit terminée.

Lavez-vous soigneusement, endossez des vêtements propres et dressez votre autel.

Faites une prière sincère et précisez que vous avez recours à Dieu pour être protégé et transformer votre vie avec l'apport de vibrations élevées.

Allumez un charbon, posez-le dans l'encensoir et dès qu'il est incandescent, jetez-y une pincée de :

- encens pontifical ;
- buis ;
- gui ;
- matricaire ;
- orange ;
- sauge ;
- sel.

Disposez les bougies selon le schéma suivant :

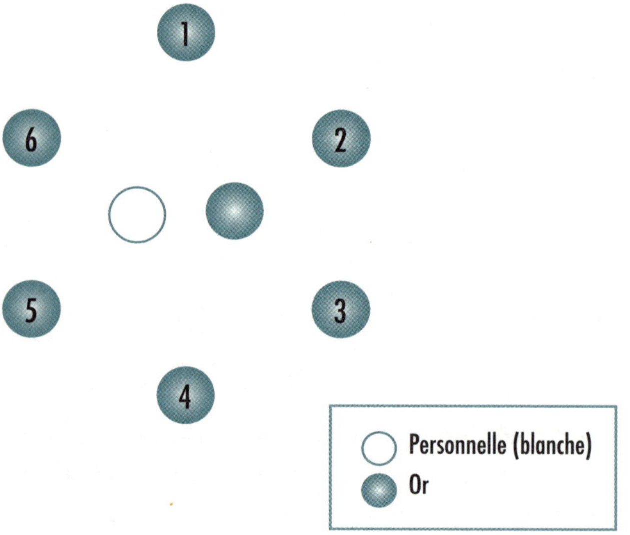

Il reste six bougies or. Mettez-les de côté.

Pendant que s'élèvent les fumigations chargées des vibrations solaires, allumez six bougies or en suivant la disposition du schéma.

Allumez la bougie blanche – elle vous représente –, puis la bougie or qui renforce la condensation des énergies de Tiphe-ret-Soleil.

Restez devant ces chandelles allumées. Priez en faisant brûler de l'encens et le mélange de plantes.

Après environ quinze minutes, remerciez Dieu de son aide et laissez toutes les bougies se consumer entièrement.

Lorsqu'elles seront éteintes, nettoyez l'encensoir, les bougeoirs et la nappe.

Rituel de rappel

Les six jours suivants, à l'heure du Soleil, allumez un charbon et faites brûler le même mélange d'encens et de plantes.

Allumez une seule bougie or et priez en réitérant votre demande. Laissez-la se consumer jusqu'au bout.

Ceci doit être fait chaque jour.

Sachets de protection

Mieux qu'un onguent, nous vous conseillons de confectionner des sachets, puis de les porter.

Il faut avoir un morceau de tissu de coton violet ou noir (pour les plantes saturniennes) et blanc ou jaune (pour les plantes solaires).

Découpez un carré de 10 centimètres de côté.

Jetez du bout des doigts un peu du mélange de plantes (pas d'encens) sur le tissu et relevez les quatre coins de façon à réaliser un petit pochon. Attachez-les avec un fil solide (noir pour Saturne et blanc pour le Soleil) en faisant trois nœuds.

Pendant que vous ferez ceci, dites à haute voix : « La divine protection est enserrée ici, dans ces nœuds, dans ce tissu, dans ces plantes pour moi (ici, dites votre nom). Amen. »

Posez un sachet près de votre porte d'entrée et portez-en un autre sur vous, près de votre corps, dans une poche de veste ou de chemisier, par exemple.

Laissez agir les sachets saturniens toute la semaine où dure le rituel de Saturne, et les deux semaines suivantes (donc trois semaines en tout), puis détruisez-les en les plongeant dans de l'eau froide et en disant : « Je renvoie la charge contenue dans ce sachet. »

Coupez ensuite les nœuds en ajoutant : « Je rends grâce pour la protection qui m'a été accordée. »

Vous pouvez jeter plantes et tissu : ils sont redevenus de simples objets.

Quant aux sachets solaires, laissez-les agir pendant toute la semaine du rituel de cette sphère, ainsi que les deux semaines suivantes (trois semaines en tout). Puis détruisez-les comme indiqué précédemment.

Le foyer et la famille

Les opérations magiques qui vont suivre sont destinées à protéger le foyer dans son ensemble, ainsi que les membres de la famille, en apportant l'entente et l'harmonie et en assurant les biens nécessaires. Elles sont préventives aussi bien que curatives, car elles préservent des ruptures éventuelles (alors que tout allait manifestement bien jusqu'alors) et font que les membres de la famille se rapprochent les uns des autres.

Ces opérations agissent davantage sur le plan affectif et psychique que sur le plan matériel proprement dit. Le minimum matériel sera accordé mais pour dénouer une situation financière difficile, il faut recourir aux procédés décrits à la rubrique « L'argent », p. 215.

S'il existe une mésentente entre les enfants ou entre ceux-ci et les parents, ces opérations sont efficaces. Mais si une désunion profonde menace le couple et qu'une séparation risque de rompre l'équilibre familial, il faut alors mettre en œuvre les actions proposées à la rubrique « La vie amoureuse », p. 200.

Appel de la douceur lunaire

Rituel du feu

Il faut disposer de douze bougies bleu pâle, d'une bougie blanche et d'une autre de couleur or.

Rituel d'ouverture

Cette cérémonie doit se dérouler le lundi à l'heure de la Lune, en Lune montante. Elle peut être entreprise de jour comme de nuit.

Lavez-vous, endossez des vêtements propres et dressez votre autel.

Dites une prière sincère en précisant que vous demandez que règne l'harmonie familiale sur tous les plans.

Allumez un charbon, posez-le sur votre encensoir et jetez-y une pincée de :

- encens de Lourdes ou de Bethléem ;
- aubépine ou bruyère ;
- cyclamen ;
- fenugrec ;
- nénuphar ;
- gui ou oranger ;
- sel.

Disposez les bougies selon le schéma suivant :

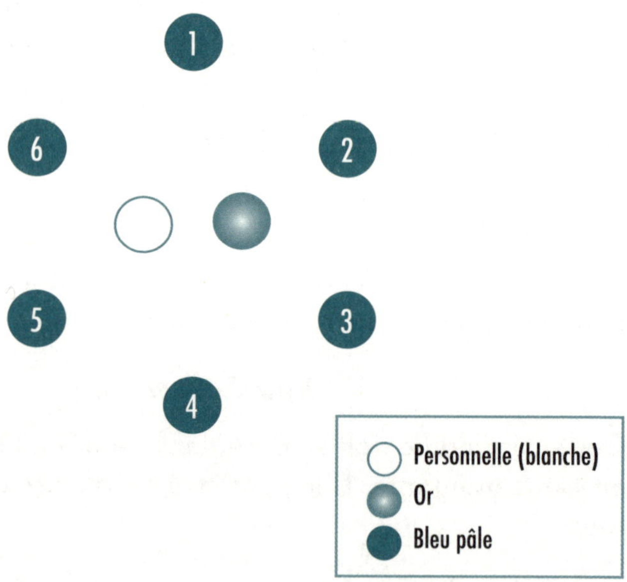

Il doit rester six bougies bleu pâle. Mettez-les de côté.

Pendant que s'élèvent les fumées de concorde et de paix, allumez les six bougies bleues en suivant l'ordre selon lequel elles sont numérotées dans le schéma.

Allumez la bougie blanche et précisez qu'elle représente l'ensemble de la famille.

Allumez la bougie or, et dites qu'elle condense les forces d'attraction du bien.

Priez encore. Restez assis devant les chandelles allumées, en faisant brûler l'encens et les plantes que nous venons d'énumérer.

Après environ quinze minutes, remerciez Dieu de son aide et laissez toutes les bougies se consumer entièrement.

Lorsqu'elles seront toutes éteintes, nettoyez l'encensoir, les bougeoirs et la nappe.

Rituel de rappel

Pendant les six jours suivants, à l'heure de la Lune, faites brûler le même mélange d'encens et de plantes.

Allumez une bougie bleue et priez en renouvelant votre demande. Laissez cette bougie se consumer jusqu'au bout.

Bains magiques

Jetez, dans de l'eau fraîche, une poignée de sel, une pincée de chacune des plantes citées plus avant et quelques gouttes d'essence de lavande.

Bénissez ce bain.

Procédé facultatif : *Allumez une bougie bleue et faites brûler encens et plantes.*

Prenez votre bain de la façon indiquée pour les rituels précédents. Après en être sorti, n'oubliez pas de remercier les puissances de l'Eau.

Vous devez prendre ce bain si l'harmonie de la vie familiale est compromise. S'il s'agit seulement de protéger le foyer, le rituel du feu, effectué de temps en temps (une fois tous les trois mois, par exemple), est suffisant.

Bénédiction saisonnière de la maison

À chaque équinoxe, c'est-à-dire le 21 mars et le 21 septembre, il est conseillé de bénir les lieux où l'on vit et qui représentent la matrice protectrice de la vie : la maison.

Remplissez un saladier d'eau très froide, ajoutez-y une poignée de sel et quelques gouttes d'essence de lavande. Bénissez l'ensemble eau + sel + lavande.

Allumez une bougie bleu pâle.

Allumez un charbon. Jetez-y une pincée d'encens et une pincée de chacune des plantes que nous avons citées.

Dirigez-vous vers la porte d'entrée de la maison en tenant de votre bras gauche le saladier serré contre votre corps. Faites porter par un de vos enfants ou votre conjoint(e) la bougie bleue et l'encensoir d'où s'élèvent les vibrations sanctificatrices.

Trempez votre main droite dans le saladier. Les doigts doivent retenir un peu du mélange eau, sel, lavande, que vous jetterez sur votre porte en traçant le signe de la croix des Éléments en affirmant : « Cette maison est bénie au nom de la puissance divine. »

Faites le tour de la maison, en continuant votre marche vers votre droite. Vous traverserez ainsi toutes les pièces. À chaque angle, vous ferez le même signe et prononcerez les mêmes paroles. À la fin de votre périple, vous vous retrouverez devant la porte d'entrée. Là, vous clôturerez la cérémonie en faisant à nouveau un signe de croix et en répétant les mêmes mots.

Jetez l'eau qui reste dans un pot de fleurs ou dans un jardin, mais surtout pas dans l'évier ou dans la cuvette des toilettes.

Autres procédés

Reportez-vous aux conseils pratiques dispensés dans la première partie de cet ouvrage, qui concernent la vie familiale.

Le logement

Si vous avez des difficultés à trouver un logement, que ce soit afin de le louer ou pour l'acheter (ici, nous verrons comment demander une opportunité favorable, obtenir l'éventuel crédit nécessaire relève d'un procédé magique différent), vous pouvez demander l'aide des forces cosmiques.

Effectuez les rituels suivants dans le lieu où vous habitez (chez des amis, à l'hôtel ou dans l'appartement que vous devez quitter).

S'il vous est difficile, à cause de raisons pratiques, d'organiser ces cérémonies, portez sur vous les sachets de plantes que nous allons décrire dans les pages suivantes. Essayez malgré tout de faire ces rituels, car ils sont très efficaces...

Ceux-ci s'articulent sur deux temps : un appel aux forces lunaires puis une invocation des forces vénusiennes.

Appel des forces lunaires

Rituel du feu

Il vous faudra douze bougies bleu pâle, une blanche et une autre de couleur or. La bougie blanche vous représentera, vous qui cherchez le logement.

Rituel d'ouverture

Ce rituel doit être fait un lundi à l'heure de la Lune, en Lune montante, de jour ou de nuit.

Lavez-vous, endossez des vêtements propres et dressez votre autel.

Dites une prière sincère en précisant que vous demandez à trouver un logement.

Allumez un charbon, posez-le sur votre encensoir et jetez-y une pincée de :

- encens de Bethléem ;
- camélia ;
- lavande séchée ;
- oranger ;
- gui ;
- germandrée ;
- sel.

Disposez les bougies selon le schéma suivant :

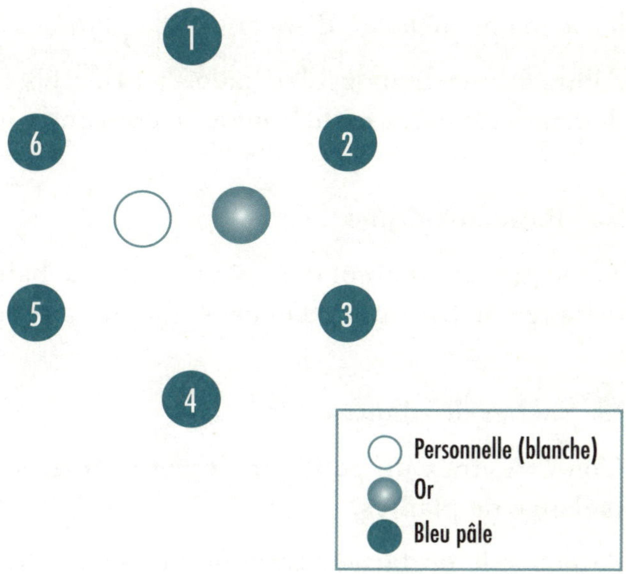

Il doit rester six bougies bleu pâle. Mettez-les de côté.

Pendant que s'élèvent les fumées, allumez les six bougies bleu pâle en suivant l'ordre selon lequel elles sont numérotées dans le schéma.

Allumez la bougie blanche et précisez qu'elle vous représente.

Allumez la bougie or, et dites qu'elle condense les forces d'attraction du bien.

Priez encore. Restez assis devant les chandelles allumées, en faisant brûler l'encens et les plantes que nous venons d'énumérer.

Après environ quinze minutes, remerciez Dieu de son aide et laissez toutes les bougies se consumer entièrement.

Lorsqu'elles seront toutes éteintes, nettoyez l'encensoir, les bougeoirs et la nappe.

Rituel de rappel

Pendant les six jours suivants, à l'heure de la Lune, faites brûler le même mélange d'encens et de plantes.

Allumez une bougie bleu pâle et priez en renouvelant votre demande. Laissez cette bougie se consumer jusqu'au bout.

Bains magiques

Vous procéderez comme pour tous les bains en utilisant le mélange de plantes et d'encens que nous venons d'indiquer.

Sachet de plantes

Confectionnez un petit sac de coton bleu. Jetez-y un peu du mélange de plantes.

Attachez-le en faisant trois nœuds et en disant : « Ceci est le logement que je cherche. »

Portez-le sur vous pendant trois semaines, puis détruisez-le en le plongeant dans de l'eau froide et en disant à haute voix : « Je détruis la charge qu'il contient. » Puis coupez les nœuds et dites : « Je rends grâce pour l'aide qui commence à venir » ou, si vous avez déjà trouvé le logement : « Je rends grâce pour le logement qui m'a été accordé. »

Jetez ensuite le tissu et les plantes qui sont devenus de simples objets inutiles.

Si, au cours de ces trois semaines, vous avez trouvé un logement, remerciez Dieu et faites un don à autrui. Si vous n'avez pas encore été exaucé, effectuez alors les opérations magiques suivantes.

Appel des forces vénusiennes

Rituel du feu

Neuf bougies roses, trois vertes, une blanche et une autre de couleur or vous seront nécessaires.

Rituel d'ouverture

La cérémonie se fera un vendredi à l'heure de Vénus, en Lune montante, de jour comme de nuit.

Lavez-vous, mettez des vêtements propres et dressez votre autel. Faites une prière intense en indiquant que vous souhaitez trouver un logement.

Allumez un charbon, posez-le dans votre encensoir et jetez-y une pincée de :

- myrrhe ;
- encens pontifical ;
- cannelle ;
- oranger ;
- rose pâle ;
- sel.

Disposez les bougies selon le schéma suivant :

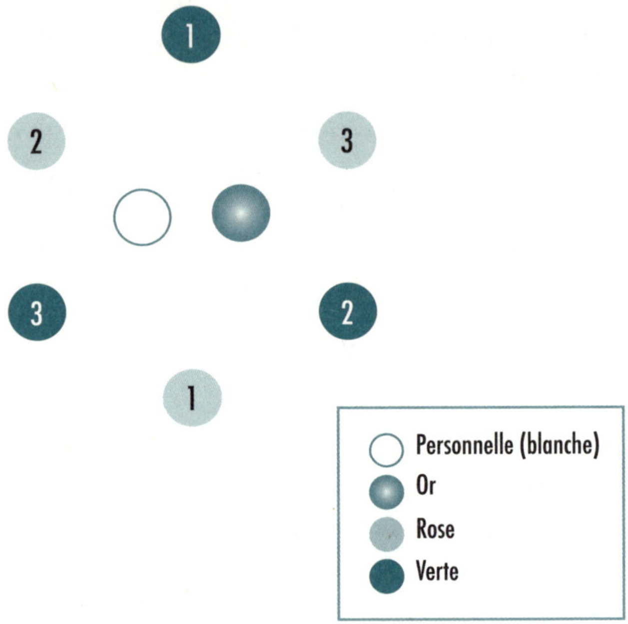

Il doit rester six bougies roses. Mettez-les de côté.

Allumez les trois bougies roses en suivant l'ordre des numéros indiqués sur le croquis.

Faites de même pour les trois bougies vertes.

Allumez une bougie blanche en précisant qu'elle vous représente.

Allumez la bougie or en soulignant qu'elle attire la solution de votre problème.

Priez encore. Restez assis devant les chandelles allumées, en faisant brûler l'encens et les plantes nécessaires.

Après un quart d'heure environ, remerciez Dieu de son aide et laissez toutes les bougies se consumer entièrement.

Lorsqu'elles sont éteintes, ôtez l'encensoir, les bougeoirs et la nappe pour les nettoyer.

Rituel de rappel

Tous les jours, pendant les six jours qui vont suivre, allumez une bougie rose et faites brûler le même mélange de plantes et d'encens.

Laissez la bougie se consumer jusqu'au bout. Ce rappel peut être fait aussi bien de jour que de nuit.

Bains magiques

Vous procéderez comme pour tous les bains magiques, en usant du mélange de plantes indiqué.

Confectionnez un petit sac d'étoffe rose pour y enfermer le même mélange.

Portez-le sur vous pendant trois semaines, puis déchargez-le par l'eau, ainsi que nous l'avons expliqué dans les pages précédentes.

Il est évident que, pendant que vous effectuerez ces opérations magiques (appel des forces lunaires, puis vénusiennes) pour trouver un logement, il ne faut pas rester les bras croisés en espérant que d'autres personnes s'activent à votre place ! Vous devez agir tout en essayant de bénéficier de l'aide d'autrui.

Si, malgré vos efforts, vous n'obtenez pas satisfaction, cela signifie que les forces qui bloquent la situation sont puissantes. Il faut alors appliquer les procédés recommandés à la rubrique « Protection et purification » (voir p. 182).

La vie amoureuse

Les difficultés que chacun rencontre dans sa vie amoureuse ont leur origine dans un rapport vicié que l'on entretient avec l'élément Feu.

Précisons qu'il s'agit ici des relations sentimentales et sensuelles, et non des échanges familiaux, qui sont, eux, gouvernés par l'élément Eau.

En effet, on peut très bien vivre dans un foyer agréable où une affection sincère unit les deux conjoints, sans que cela signifie que le piment amoureux, le désir et une vie sexuelle satisfaisante perdurent. L'habitude, la routine, une certaine atonie des sens ont remplacé le feu relationnel des premières rencontres.

Si ce type de relation n'existe plus, c'est que le Feu n'agit plus.

Si, par exemple, quelqu'un a toujours eu des avanies amoureuses, que ses liaisons ont toujours abouti à des échecs et qu'il se trouve dans une solitude insupportable, c'est encore l'élément Feu qui vibre en lui de façon inharmonieuse. Le problème est donc structurel.

En conséquence, il peut être dangereux de recourir dans un premier temps (qui sera plus ou moins long ; chaque individu est différent) aux deux sphères de Feu, régulatrices des rapports amoureux : Guéburah-Mars et Netzach-Vénus (selon la nature du désir que l'on souhaite éveiller chez l'autre).

On aura donc soin de se pencher sur le déroulement général de sa vie avant d'invoquer les forces porteuses de Feu.

Si l'échec a marqué toutes les relations sentimentales, il est préférable de s'abstenir pour le moment et d'agir par l'élément Eau, en demandant une rémission karmique. Effectuez alors les opérations magiques de la rubrique « Action saturnienne : appel de la grâce divine », (voir p. 182). Au bain et à l'onguent décrits dans cette catégorie de rituels, il faudra ajouter des amandes en poudre.

Après – mais après seulement – que l'on aura noté une nette amélioration dans ses rapports amoureux, on pourra effectuer les rituels faisant appel aux puissances ignées. Ces recommandations sont valables quel que soit le problème que l'on souhaite résoudre : solitude chronique, départ de la personne aimée ou bien éveil du désir sensuel.

Si, en revanche, la situation pénible dans le domaine amoureux est tout à fait inédite et que, jusqu'alors, les relations amoureuses n'offraient pas de difficultés particulières, on pourra entreprendre directement les cérémonies vénusiennes ou martiennes : de toute évidence, le problème est conjoncturel.

Solitude chronique

Cette forme de solitude implique qu'il y a un problème lié à l'élément Feu. On aura donc soin de mettre d'abord en œuvre les procédés de la rubrique « Action saturnienne : appel de la grâce divine », (voir p. 182), pendant un certain temps.

Dès que l'amélioration sera perceptible, on opérera selon les modalités suivantes :

Rituel du feu

Ayez neuf bougies roses, trois rouges, une blanche et une autre de couleur or.

Rituel d'ouverture

Hommes ou femmes pourront faire cette cérémonie le vendredi, à l'heure de Vénus, en Lune montante, de jour ou bien de nuit.

Lavez-vous, revêtez des vêtements propres et dressez votre autel.

Concentrez-vous sur votre désir. Demandez très fort qu'il soit mis fin à votre solitude amoureuse.

Allumez un charbon, posez-le dans l'encensoir et jetez-y une pincée de :

- ambre ou encens des trois mages ;
- anémone ou achillée ;
- damiana ;
- bouleau ou estragon ;
- oranger ;
- primevère ou rose pâle ;
- violette ;
- sel.

Disposez les bougies selon le schéma suivant :

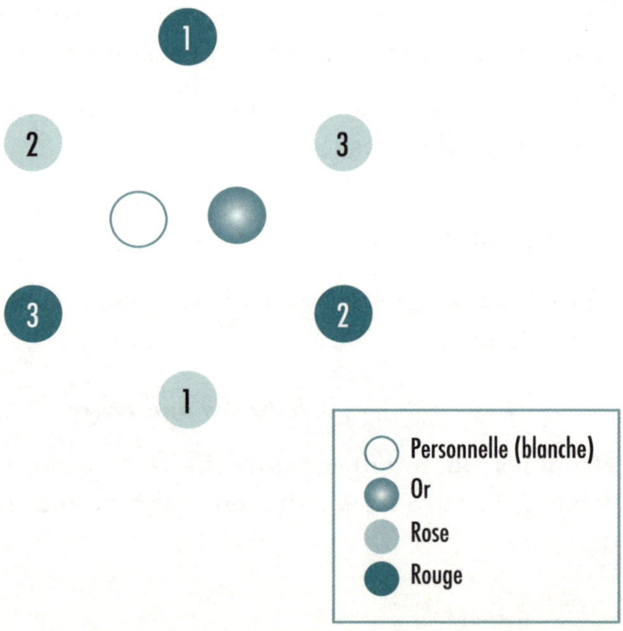

Mettez de côté les six bougies roses qui restent.

Pendant que s'élèvent les vibrations ignées, allumez les trois bougies rouges en suivant l'ordre indiqué sur le croquis.

Allumez les trois bougies roses en suivant l'ordre indiqué sur le croquis.

Allumez la bougie blanche : elle vous représente. Allumez la bougie or qui attire le Bien.

Priez encore. Restez assis devant les chandelles allumées en faisant brûler l'encens et les plantes du rituel.

Après quinze minutes environ, remerciez pour leur aide les Puissances du feu et laissez toutes les bougies se consumer jusqu'au bout.

Lorsqu'elles seront toutes éteintes, ôtez l'encensoir, les bougeoirs et la nappe pour les nettoyer.

Rituel de rappel

Pendant les six jours qui vont suivre, à l'heure de Vénus, allumez une bougie rose et faites brûler l'encens et les mêmes plantes.

Laissez la bougie se consumer jusqu'au bout.

Vous pouvez effectuer ce rituel de jour ou bien de nuit.

Bains magiques

Les bains et les onguents sont très importants dans toutes les affaires amoureuses, car ils contribuent à maintenir la vibration vénusienne dans l'aura, créant ainsi un champ attractif.

On admettra que ceci soit important, disons même capital, dans ce domaine.

Pour ces bains, procéder comme à l'accoutumée en utilisant le même mélange de plantes.

Onguent

Il faudra mélanger ces mêmes plantes à de la vaseline pour composer l'onguent adéquat. On n'oubliera pas de le charger selon le processus décrit (voir p. 163).

L'onguent sera étalé sur les centres psychiques, le soir avant le coucher et après le bain, et le matin avant de commencer les activités quotidiennes.

Les sachets feraient double emploi avec l'onguent. Dans le cas qui nous occupe, l'usage d'onguent est préférable.

Susciter le désir sensuel

Les opérations qui vont suivre apportent à l'aura de celui qui demande des vibrations de nature érotique censées provoquer un appel lancinant et l'éveil des sens, aussi bien chez l'officiant que chez la personne convoitée (problèmes de frigidité ou d'impuissance psychologique). Ces procédés s'avèrent fort utiles lorsque la qualité des relations affectives avec quelqu'un est excellente mais que des problèmes se posent sur le plan physique.

Rituel du feu

Il vous faudra douze bougies rouges, une blanche et une autre de couleur or.

Rituel d'ouverture

Les femmes doivent faire cette cérémonie un vendredi, à l'heure de Vénus et les hommes un mardi, à l'heure de Mars.

Il faudra que la lune soit montante.

Lavez-vous, revêtez des vêtements propres et dressez votre autel. Concentrez-vous sur votre demande.

Allumez un charbon, posez-le dans votre encensoir et jetez-y, selon votre sexe, une pincée de :

Femmes	Hommes
✦ ambre ou encens des trois mages ; ✦ ancolie ou damiana ; ✦ estragon ; ✦ matricaire ; ✦ orchidée ; ✦ primevère ; ✦ violette ; ✦ vanille ; ✦ sel.	✦ encens des trois mages ; ✦ cumin ; ✦ gingembre ; ✦ scabieuse ; ✦ vanille ; ✦ vétiver ; ✦ sel.

Disposez les bougies selon le schéma suivant :

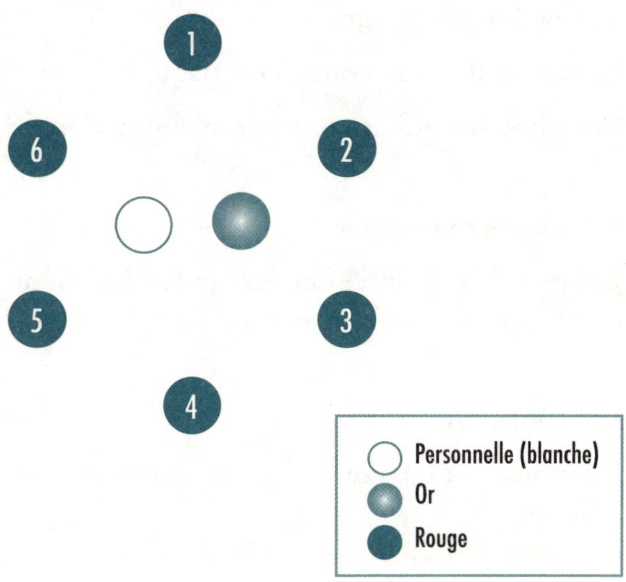

Il reste six bougies rouges. Mettez-les de côté.

Pendant que s'élèvent des vibrations porteuses d'un Feu dense, allumez les six bougies rouges en suivant l'ordre du dessin.

Allumez la bougie blanche qui vous représente.

Allumez la bougie or qui, dans ce rituel, irradie d'attirance l'aura du demandeur.

Concentrez-vous toujours et restez assis devant les chandelles allumées tout en faisant brûler le mélange de plantes.

Après quinze minutes environ, remerciez les Puissances du Feu pour leur aide et laissez les bougies se consumer entièrement.

Lorsqu'elles seront toutes éteintes, ôtez l'encensoir, les bougeoirs et la nappe et nettoyez-les.

Rituel de rappel

Chaque jour pendant les six jours qui suivent, à l'heure de Vénus pour les femmes et à l'heure de Mars pour les hommes, faites brûler le mélange qui correspond à votre sexe ainsi qu'une bougie rouge.

Laissez celle-ci se consumer jusqu'au bout.

Vous pouvez effectuer ce rituel aussi bien de nuit que de jour.

Bains magiques

Utilisez les plantes citées précédemment pour des bains magiques que vous prendrez régulièrement.

Onguent

Pour attirer de façon magique, l'onguent est remarquablement efficace.

Il doit être composé du mélange de plantes indiqué, auquel on ajoutera quelques gouttes d'essence de rose.

Il est conseillé de porter un parfum particulièrement actif : les hommes choisiront une base au vétiver ; les femmes préféreront les nuances épicées et musquées.

Le « retour d'affection » : détruire les ondes négatives à l'origine du départ

L'intention consiste à séduire à nouveau une personne avec qui vous avez eu des relations amoureuses et qui vous a quitté(e) soit parce qu'elle a rencontré un nouveau partenaire, soit parce que vos rapports se sont détériorés.

Avant d'entreprendre l'action magique du « retour » proprement dit, c'est-à-dire attirer à nouveau le partenaire qui s'est éloigné, il faut détruire les ondes négatives qui ont été la cause de ce départ.

Chasser les ondes négatives

Rituel du feu

Procurez-vous dix bougies or, trois rouges et une blanche.

Rituel d'ouverture

Il faut effectuer cette cérémonie un dimanche à l'heure du Soleil, en Lune montante, le matin ou dans la journée. Absolument pas la nuit.

Lavez-vous, endossez des vêtements propres et préparez l'autel.

Faites une prière sincère. Demandez que toutes les influences néfastes, les tempêtes de discorde qui avaient brisé votre liaison soient détruites par le feu solaire.

Allumez un charbon, posez-le dans l'encensoir et jetez-y une pincée de :

- encens pontifical ;
- absinthe ou airelle ;
- achillée ;
- angélique ;
- girofle ;
- laurier ;
- quinquina ;
- sel.

Disposez les bougies selon le schéma suivant :

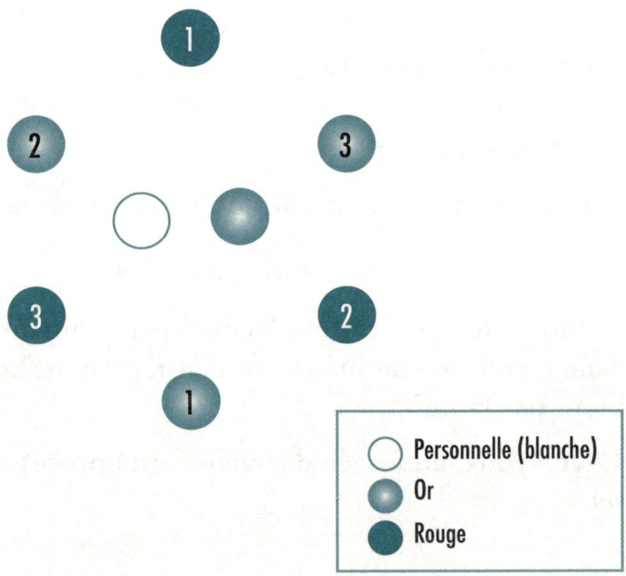

Pendant que s'élèvent les fumées purificatrices, allumez les trois bougies or de l'hexagramme en suivant l'ordre indiqué par le schéma.

Allumez les trois bougies rouges en suivant les indications du schéma.

Allumez la bougie blanche qui vous représente. Allumez, au centre, la bougie or : elle attire le bien.

Priez et restez ainsi devant ces chandelles allumées pendant que vous faites brûler l'encens et le mélange de plantes recommandé.

Après environ un quart d'heure, remerciez Dieu de son aide et laissez toutes les bougies se consumer entièrement.

Lorsqu'elles seront toutes éteintes, nettoyez l'encensoir, les bougeoirs et la nappe.

Rituel de rappel

Pendant les six jours qui vont suivre, quotidiennement, faites brûler de l'encens et les plantes déjà citées en même temps qu'une bougie or.

Laissez celle-ci se consumer jusqu'au bout.

Vous devez faire cela le matin ou dans la journée, pas durant la nuit.

Bains magiques

Jetez le même mélange de plantes indiqué dans de l'eau fraîche, ainsi que du sel, et prenez chaque soir ce bain.

Onguent

Vous pouvez aussi confectionner un onguent en suivant les indications données p. 163, en utilisant les plantes qui viennent d'être mentionnées, et en y ajoutant quelques gouttes d'essence de rose.

Sachets magiques

Confectionnez trois sachets en coton rouge, que vous fermerez avec du fil blanc ou rouge. N'oubliez pas de faire trois nœuds et pendant cette opération, exprimez votre souhait.

Le premier sachet devra être porté sur vous, le deuxième sera placé discrètement près de la porte d'entrée de la maison, le troisième sera glissé sous votre lit.

Il est fortement conseillé de placer également sous le lit un saladier plein de charbon de bois auquel on ajoutera du sel. Chaque matin, videz le contenu dans la cuvette des toilettes en évitant de toucher le charbon.

Ces opérations (les trois sachets et le charbon sous le lit) seront répétées pendant trois semaines (la semaine du rituel du feu et les deux suivantes).

Le retour d'affection proprement dit

Après ce laps de temps, on pourra agir sur le « retour d'affection » proprement dit.

Rituel du feu

Ce rituel (ouverture et rappel) est le même que celui préconisé pour mettre fin à une solitude chronique.

Il faut le faire un vendredi à l'heure de Vénus et les bougies sont les mêmes. Seul change le mélange encens et plantes. Voici la composition nécessaire :

- ambre ou encens des trois mages ;
- cannelle ;
- damiana ;
- gui ou oranger ;
- myrrhe ;
- primevère ;
- rose pâle ou santal rouge ;
- scabieuse ou sureau ;
- violette ;
- sel.

Bains magiques

Utilisez ce mélange pour prendre un bain, tous les soirs si possible, pendant trois semaines (la semaine du rituel du feu et les deux suivantes).

Sachets magiques

Confectionnez trois sachets de toile rouge (nœuds en fil blanc ou rouge). Vous en porterez un sur vous, un autre sera accroché près de la porte d'entrée de la maison et le dernier sera glissé sous le lit.

La cuvette emplie de charbon n'est pas utile pour ce rituel. Après trois semaines, il faudra détruire les sachets.

Onguent

L'onguent sera composé de vaseline et des plantes indiquées pour le rituel du feu, ainsi que de quelques gouttes d'essence de rose.

Stabiliser le retour

Dès que la personne dont vous souhaitiez le retour est revenue, allumez le samedi, à l'heure de Saturne et en Lune montante, une bougie parme. Faites brûler :

- encens pontifical ;
- sceau de Salomon ;
- sel.

Il est conseillé de répéter cette opération pendant neuf jours.

Si cela s'avérait impossible, parce que votre partenaire est trop près de vous ou pour quelque autre raison, confectionnez deux sachets de tissu de couleur violette et enfermez-y du sel et du sceau de Salomon. Portez un sachet sur vous et glissez l'autre sous le lit.

Détruisez les sachets au bout de trois semaines.

Briser un lien néfaste

Il peut s'agir d'un lien :

- créé par « envoûtement » et qui maintienne une personne dans la sujétion amoureuse d'une autre ;
- fondamentalement destructeur de la personnalité, bien qu'il n'ait pas été généré par sorcellerie.

Ce type de passion néfaste, quelle qu'en soit la cause, a un dénominateur commun : le malheur et la déstabilisation totale. Il convient donc de secourir la victime (c'est le mot qui convient) afin que s'éloignent les vibrations négatives et que celle-ci bénéficie soudain d'une lucidité retrouvée pour comprendre l'absurdité de sa situation et rompre sans souffrir.

Il est difficile d'obtenir d'une personne asservie par la passion qu'elle fasse elle-même les opérations magiques qui vont suivre. Si elle acceptait d'agir, cela supposerait qu'elle ait commencé à voir clair et qu'elle ait la force de briser cette liaison. Si elle en est capable, tant mieux ! Mais si son aveuglement persiste, un ou une amie peut effectuer les rituels à sa place.

Rituel du feu

Ce rituel est le même que celui effectué pour chasser les ondes maléfiques après une rupture (voir « Le retour d'affection », p. 207). La bougie blanche placée au centre de l'hexagramme de bougies représentera la victime et non l'opérateur. Le mélange d'encens et de plantes changera également :

- encens pontifical ;
- benjoin ;
- acacia ;
- anémone ;
- chicorée ;
- origan ou tulipe ;
- potentille ;
- quinquina ;
- sel.

Bains magiques

Celui ou celle qui fait le rituel à l'intention d'un tiers placera la photographie de cette personne (valorisée auparavant au décagone pendant dix minutes), ou un papier sur lequel sont écrits le nom et le prénom (également valorisés au décagone pendant dix minutes) dans un bol d'eau froide bénie contenant :

- du sel ;
- une pincée de plantes que l'on vient d'énumérer ;
- cinq gouttes d'essence de basilic.

Posez ensuite ce bol dans un endroit discret, paisible et relativement peu éclairé (évitez les placards).

Une semaine après, videz l'eau et lorsque la photo ou le papier aura séché, brûlez-le à la flamme d'une bougie violette.

Pendant que se consumera la photo ou le papier, jetez une pincée de sel sur le feu et tracez-y le signe de croix en priant Dieu.

Laissez ensuite fondre lentement la bougie jusqu'au bout.

L'argent

Si l'on manque cruellement d'argent, ce n'est pas, pour l'occultiste, le fait du hasard ou de la malchance (une notion qui implique aussi une partie de mauvais hasard ou de la malveillance des autres).

Pour améliorer sa situation financière, il sera opportun de considérer froidement, calmement et de façon positive le problème, plutôt que de se plaindre et de s'engluer ainsi dans une passivité négative.

Le facteur karmique est essentiel, comme pour tous les événements de la vie. Mais on peut modifier celui-ci par un changement d'attitude intérieure à l'égard de l'argent, en entreprenant une action magique fondée sur la prière intense.

Quelle que soit la situation financière du départ, il faut suivre le processus suivant :

1. Appeler la grâce divine pour que l'éventuel karma sur ce plan soit allégé, voire écarté.

2. S'appliquer à éloigner « la guigne », c'est-à-dire l'influence négative de l'environnement (amis qui vampirisent sans le savoir, la vibration matérielle positive autour de soi, fréquentations porteuses de « poisse », etc.).

3. Une fois le terrain nettoyé, on mettra en œuvre les énergies susceptibles d'attirer l'argent en général (il s'agit d'aimanter l'aura dans ce sens précis).

4. Si l'on exerce une activité commerciale quelconque, effectuer alors – et alors seulement – les opérations magiques appropriées (voir p. 222).

5. Si l'on est salarié (les revenus sont donc fixes, et peuvent être insuffisants), on aura recours à la magie pour que

soient données des idées innovantes qui, une fois matérialisées, apporteront de l'argent (voir p. 237).

Ces pratiques créeront un courant positif concernant l'argent et favoriseront ce que l'on appelle, de façon simpliste, la chance.

En résumé : suivre les trois premiers paragraphes ci-dessus puis, selon l'activité professionnelle, appliquer le point quatre ou cinq.

Appeler la grâce divine pour alléger la pénurie

Agir point par point selon les procédés magiques expliqués à la rubrique « Protection et purification » : appel de la grâce divine, rituel de Saturne, bains et sachets inclus (voir p. 182).

Éloigner les influences néfastes qui vampirisent l'argent

Rituel du feu

Il faut avoir douze bougies grises, quatre noires et une blanche.

Rituel d'ouverture

Cette cérémonie doit être faite le samedi, à l'heure de Saturne, en Lune descendante. Il est préférable de l'entreprendre le soir.

Lavez-vous, revêtez des vêtements propres et dressez votre autel.

Faites une prière sincère, disant votre désir ardent d'éloigner les influences négatives qui absorbent les vibrations positives de prospérité et de richesse.

Allumez un charbon, posez-le dans l'encensoir et jetez-y une pincée de :

- encens pontifical ;
- camphre ;
- fenugrec ;
- lavande ;
- quinquina ;
- sel.

Disposez les bougies selon le schéma suivant :

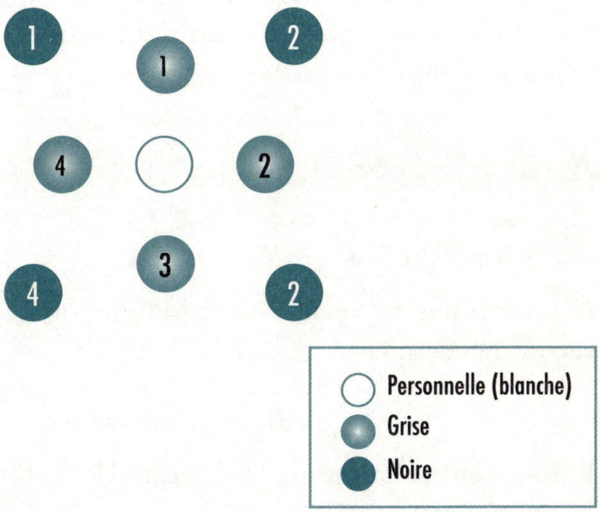

Il reste huit bougies grises. Mettez-les de côté.

Pendant que s'élèvent les fumigations purificatrices, allumez les quatre bougies grises qui forment un carré sur le croquis.

Allumez la bougie blanche au centre (elle vous représente). Priez encore et restez devant ces chandelles allumées.

Après environ quinze minutes, remerciez Dieu et laissez les chandelles se consumer entièrement. Lorsqu'elles seront toutes éteintes, ôtez l'encensoir, les bougeoirs et la nappe pour les nettoyer.

Rituel de rappel

Pendant les huit jours qui suivent, faites brûler chaque jour une bougie grise, ainsi que le mélange d'encens, de sel et de plantes indiqué.

Bains magiques

Il est conseillé, pendant les neuf jours que dure le rituel, de prendre chaque jour un bain dans lequel vous aurez versé le même mélange.

Attirer l'argent

Rituel du feu

Douze bougies vertes, une bougie or et une blanche vous seront nécessaires.

Rituel d'ouverture

Faites cette cérémonie un vendredi, à l'heure de Vénus, en Lune montante.

Lavez-vous, endossez des vêtements propres et dressez votre autel.

Faites une prière sincère. Affirmez que dès à présent, l'argent va venir vers vous en flot harmonieux et ininterrompu.

Allumez un charbon, posez-le sur l'encensoir et jetez-y une pincée de :

- alysse ;

- ginkgo ;
- gui ;
- manne ;
- matricaire ;
- thym ;
- sel.

Disposez les bougies selon le schéma suivant :

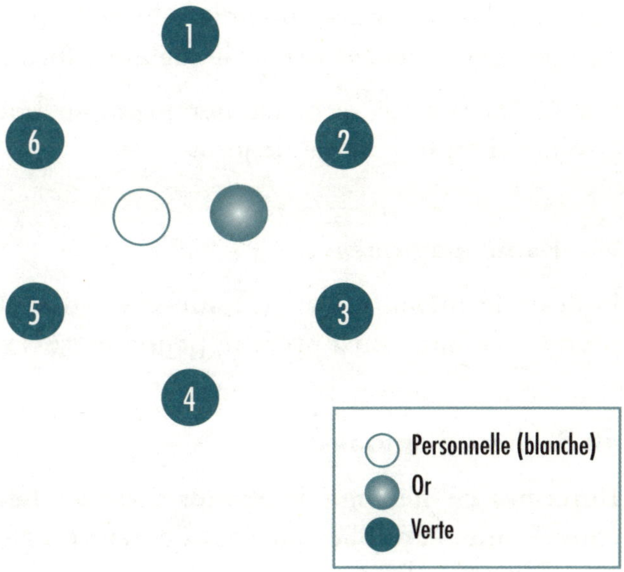

Il reste six bougies vertes. Mettez-les à part.

Pendant que s'élèvent les fumigations d'appel de l'argent, allumez les six bougies vertes dans l'ordre indiqué sur le schéma.

Allumez la bougie blanche qui vous représente. Allumez la bougie or qui attire (ici, l'argent).

Priez derechef et restez assis devant les chandelles allumées pendant que le mélange d'encens, de sel et de plantes se consume.

Après quinze minutes environ, remerciez Dieu et laissez se consumer entièrement toutes les bougies.

Lorsqu'elles sont éteintes, ôtez l'encensoir, les bougeoirs et la nappe pour les nettoyer.

Rituel de rappel

Pendant les six jours suivants, allumez quotidiennement une bougie verte et faites brûler le mélange indiqué.

Laissez la bougie se consumer jusqu'au bout. Ce rituel peut être fait de nuit comme de jour.

Bains magiques

Utilisez le même mélange pour vos bains. Il est conseillé de prendre ce bain ainsi préparé pendant trois semaines.

Sachets magiques

Enfermez ce mélange de plantes et de sel dans deux sachets de coton jaune. N'oubliez pas le processus magique au moment où vous effectuez les nœuds.

Placez un sachet chez vous, près de la porte d'entrée ou dans votre bureau, tout près des documents bancaires (relevés, chéquiers, etc.). Portez l'autre sur vous.

Gardez ces sachets au minimum trois semaines et au maximum sept semaines. Détruisez-les après ce laps de temps ainsi que cela vous a été expliqué précédemment et confectionnez-en d'autres.

Onguent

Concernant les problèmes d'argent, l'onguent revêt une importance certaine.

Nous allons avoir recours à des plantes qui agissent sur le corps éthérique, dans le but d'en harmoniser la circulation énergétique, condition indispensable pour créer l'aimantation de l'aura à l'égard de l'argent.

Le liniment sera toujours la vaseline (procurez-vous plusieurs tubes). Vous y ajouterez :

- alchémille ;
- arbousier ;
- basilic (en essence, quelques gouttes) ;
- camélia ;
- concombre (un peu de purée fraîche) ;
- lavande (en essence, quelques gouttes) ;
- muguet.

N'oubliez pas de charger cet onguent en suivant les directives données p. 163.

Cet onguent est très efficace en de nombreuses circonstances et face à de nombreux problèmes, dont la pénurie.

Il revitalise tellement et ses pouvoirs en différents domaines sont si grands qu'il est conseillé de l'utiliser (sauf si l'on fait usage d'un onguent d'amour, voir la rubrique « La vie amoureuse », p. 200) presque tout le temps deux semaines par mois, lorsque la Lune est montante. Au moment où celle-ci descend, faites une coupure.

La prospérité commerciale

Comment rendre les lieux propices

Faites appel à la sphère de Jupiter-Chesed afin que ses vibrations purifient les lieux et créent des rapports harmonieux et fructueux entre vous, votre activité commerciale et :

- le monde de l'argent (les banques) ;
- le monde de la loi (avocats, notaires, hommes d'affaires…).

Rituel du feu

Ayez douze bougies de couleur bleu roi, une blanche et une or.

Rituel d'ouverture

Cette cérémonie doit se faire un jeudi, à l'heure de Jupiter, en Lune montante.

Lavez-vous, revêtez des habits propres et dressez votre autel.

Faites une prière sincère en demandant la purification des lieux et la protection jupitérienne.

Allumez un charbon, posez-le dans l'encensoir et jetez-y une pincée de :

- encens de Nazareth ;
- manne ;
- gui ;
- matricaire ;
- patience ;
- salsepareille ;
- sel.

Disposez les bougies selon le schéma suivant :

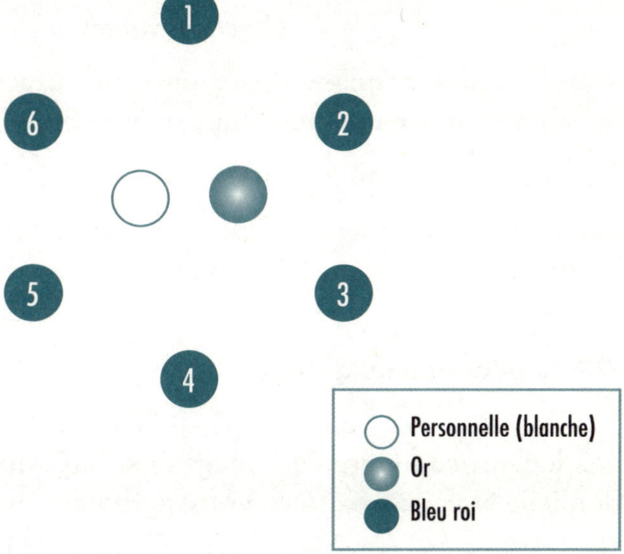

Il doit rester six bougies bleues. Mettez-les de côté.

Pendant que s'élèvent les vapeurs jupitériennes, extrêmement bénéfiques, allumez les six bougies bleues en suivant la disposition du schéma.

Allumez la bougie blanche : elle représente à la fois votre activité et vous-même.

Allumez la bougie or, attirant le bien.

Priez encore et restez assis devant les chandelles allumées, tout en faisant brûler le mélange d'encens, de manne, de sel et de plantes indiqué.

Après environ quinze minutes, remerciez Dieu et laissez toutes les bougies se consumer jusqu'au bout.

Lorsqu'elles sont éteintes, ôtez l'encensoir, les bougeoirs et la nappe afin de les nettoyer.

Rituel de rappel

Tous les jours, pendant les six jours qui suivent, faites brûler ce même mélange en même temps qu'une bougie bleu roi.

Laissez-la se consumer entièrement.

Effectuez cette opération de préférence le matin ou dans la journée.

Aspersions magiques

Ici, ce n'est pas votre corps qu'il importe de baigner, mais vos locaux commerciaux, magasins, bureaux ou encore votre domicile si vous y exercez votre activité.

Remplissez d'eau froide un saladier, ajoutez le sel et une pincée de chaque plante énumérée plus haut. Pendant ce temps, le même mélange ainsi que l'encens et la manne brûleront sur un charbon ardent.

Procédez comme indiqué à la rubrique « Le foyer et la famille » (bénédiction de la maison) (voir p. 192).

Ces aspersions devront être faites pendant la semaine du rituel du feu (alors que l'ensemble des bougies brûle) et les deux semaines suivantes.

Après l'ensemble de ces opérations, vous pourrez aborder les pratiques mercuriennes destinées à attirer la clientèle.

Comment attirer la clientèle

Nous arrivons à l'aspect commercial proprement dit.

Rituel du feu

Procurez-vous douze bougies orange, une blanche et une autre de couleur or.

Rituel d'ouverture

Ce rituel doit être fait un mercredi, à l'heure de Mercure, en Lune montante.

Lavez-vous, endossez des vêtements propres et dressez votre autel.

Faites une prière sincère. Affirmez que vous voulez rester honnête dans vos activités et demandez l'accroissement de votre clientèle.

Allumez un charbon ardent, posez-le dans l'encensoir et jetez-y une pincée de :

- benjoin ;
- manne ;
- bergamote ;
- camélia ;
- gui ;
- muguet ;
- pissenlit ;
- thym ;
- sel.

Disposez les bougies selon le schéma suivant :

Il reste six bougies orange. Mettez-les de côté.

Pendant que s'élèvent les fumigations mercuriennes, allumez les six bougies orange en suivant la disposition indiquée sur le schéma.

Allumez la bougie blanche : elle vous représente. Allumez la bougie or : elle attire.

Priez et restez assis devant ces chandelles allumées en faisant brûler le mélange indiqué.

Après environ quinze minutes, remerciez Dieu et laissez les bougies se consumer entièrement.

Lorsqu'elles seront toutes éteintes, nettoyez l'encensoir, les bougeoirs et la nappe.

Rituel de rappel

Chaque jour, pendant six jours, à l'heure de Mercure, de préférence le matin ou dans la journée, faites brûler ce mélange en même temps qu'une bougie orange.

Aspersions magiques

Procédez avec le mélange approprié, comme à la rubrique « Le foyer et la famille » (bénédiction de la maison).

Ces aspersions doivent être faites pendant la semaine du rituel du feu, tandis que les bougies se consument, ainsi que les deux semaines qui suivent.

Comment perpétuer la prospérité

Les deux mercredis du mois où la Lune monte, faites brûler le mélange mercurien et une bougie orange. Laissez celle-ci se consumer entièrement.

Aspergez les lieux de travail d'eau mercurienne.

Les deux jeudis du mois où la Lune monte (c'est-à-dire le lendemain du jour où vous avez brûlé la bougie orange), à l'heure de Jupiter, faites brûler le mélange jupitérien et une bougie bleu roi. Laissez-la entièrement se consumer.

Aspergez les lieux de travail d'eau jupitérienne.

Pendant les deux semaines où la Lune descend, faites brûler le samedi, à l'heure de Saturne, dans les locaux mêmes de préférence (si c'est impossible, faites-le chez vous), une bougie violette et le mélange suivant :

- encens pontifical ;
- lavande ;

- chicorée ou fumeterre ;
- sceau de Salomon.

N'oubliez jamais de faire des dons en rapport avec vos moyens dès que vous avez obtenu satisfaction à la suite d'opérations magiques ; et régulièrement, dès lors que votre situation est harmonieuse et prospère.

L'emploi

Si de fréquents obstacles se dressent sur votre chemin, si vous n'arrivez à obtenir aucun emploi, si aucun rendez-vous avec un employeur ne débouche sur une conclusion favorable, faites les rituels décrits dans la rubrique « Action saturnienne : appel de la grâce divine » (voir p. 182) avant d'aborder les pratiques destinées à vous faire bénéficier de la situation souhaitée.

Si vous avez un emploi mais que vous rencontrez des difficultés au sein de votre entreprise (mauvais rapports avec votre hiérarchie, collègues envieux, harcèlement moral, activité pénible, etc.), effectuez également les rituels décrits p. 182, avant d'aborder les pratiques précises susceptibles d'améliorer votre sort. Celles-ci relèvent de deux catégories.

La Lune est liée au Feu martien ; elle apporte la force et l'éclat lors d'une période de dure concurrence (c'est le cas lorsque l'on cherche un emploi).

L'autre attire les forces bénéfiques de Jupiter, efficaces dans les domaines de la promotion sociale, dans la reconnaissance – insuffisante jusqu'alors –, des mérites.

Appliquez les instructions qui vont suivre, en fonction de votre situation particulière :

- en position de concurrence, pour trouver un emploi ou à l'intérieur même de votre entreprise = activité de Mars ;
- promotion et notoriété = activité de Jupiter.

Il est recommandé toutefois de pratiquer régulièrement les opérations de Jupiter tout au long de votre carrière, afin que celle-ci se déroule harmonieusement et que puissent se déployer vos talents véritables.

Obtenir la force en période de concurrence

Rituel du feu

Procurez-vous douze bougies rouges, une blanche et une autre de couleur or.

Rituel d'ouverture

Cette cérémonie doit être faite le mardi, à l'heure de Mars, en Lune montante. Si jamais vous avez un entretien d'embauche dont la date ne vous laisse pas le délai nécessaire pour commencer le rituel un mardi, faites-le dès que cela est possible, n'importe quel jour et quelle que soit la position de la Lune, mais à l'heure de Mars.

Lavez-vous, revêtez des vêtements propres et dressez votre autel.

Faites une prière sincère pour demander la force suffisante afin d'affronter loyalement vos concurrents.

Allumez un charbon, posez-le dans l'encensoir et jetez-y une pincée de :

- encens pontifical ;
- absinthe ;
- ajonc ;
- buis ou camomille ;
- caroube ou cumin ou poivre ;
- vétiver ;
- sel.

Disposez les bougies selon le schéma suivant :

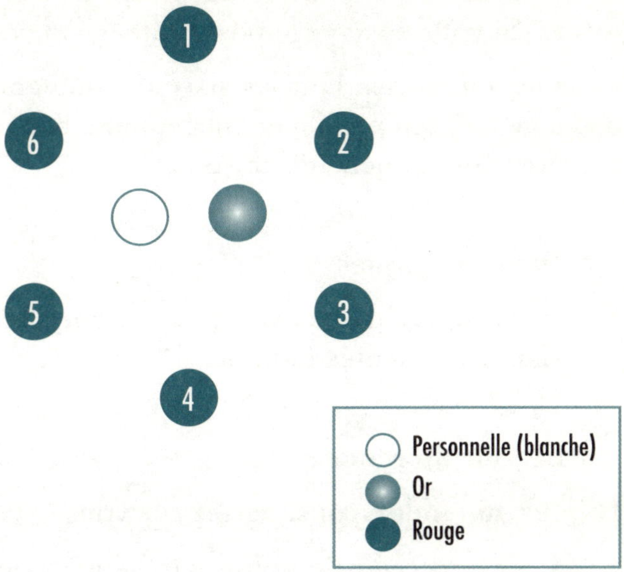

Il reste six bougies rouges, mettez-les de côté.

Pendant que s'élèvent les fumigations martiennes, allumez les six bougies rouges en suivant l'ordre indiqué sur le schéma.

Allumez la bougie blanche qui vous représente. Allumez la bougie or qui attire la force.

Priez toujours et restez assis devant les chandelles allumées tout en faisant brûler le mélange indiqué.

Quinze minutes plus tard environ, remerciez Dieu et laissez toutes les bougies se consumer entièrement.

Lorsqu'elles sont éteintes, ôtez l'encensoir, les bougeoirs et la nappe pour les nettoyer.

Rituel de rappel

Il n'est pas sûr que vous ayez le temps d'effectuer ce rappel des forces. Si vous en avez la possibilité, voici comment procéder.

Tous les jours, pendant les six jours suivants, faites brûler le mélange indiqué plus haut ainsi qu'une bougie rouge que vous laisserez entièrement se consumer.

Bains magiques

Si vous disposez d'assez de temps, prenez des bains contenant le mélange de plantes indiqué.

Le jour du rendez-vous

Le jour du rendez-vous, portez sur vous :

- un morceau de coton sur lequel vous aurez versé au préalable une dizaine de gouttes d'essence de sassafras ;
- un sachet contenant du gui et de la fougère mâle.

N'oubliez pas que tous ces produits doivent avoir été chargés avant leur utilisation selon les explications données précédemment.

L'emploi et la progression sociale

Rituel du feu

Il faut avoir neuf bougies de couleur bleu roi, une blanche et quatre or.

Rituel d'ouverture

Cette cérémonie doit être organisée le jeudi, à l'heure de Jupiter, en Lune montante.

Lavez-vous, endossez des vêtements propres et dressez votre autel.

Faites une prière sincère en demandant de trouver un emploi ou, si vous travaillez déjà, l'amélioration de votre statut professionnel.

Allumez un charbon, posez-le dans l'encensoir et jetez-y une pincée de :

- encens de Nazareth ;
- chèvrefeuille ;
- chiendent (s'il s'agit de changer d'emploi) ;
- fougère mâle ;
- gui ;
- jacinthe ;
- laurier ;
- patience ;
- safran.

Disposez les bougies selon le schéma suivant :

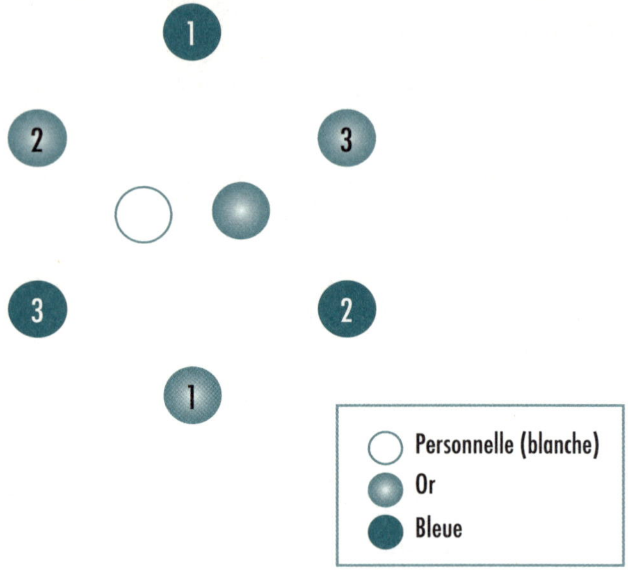

Il reste six bougies bleues. Mettez-les de côté.

Pendant que s'élèvent ces vibrations bénéfiques, allumez les trois bougies or en suivant l'ordre indiqué sur le schéma.

Allumez la bougie blanche qui vous représente. Allumez la bougie or centrale ; elle attire le succès.

Priez encore et restez assis devant ces chandelles allumées tout en faisant brûler l'encens et les plantes énumérées plus avant.

Après environ quinze minutes, remerciez Dieu et laissez toutes les bougies se consumer entièrement.

Lorsqu'elles sont éteintes, ôtez l'encensoir, les bougeoirs et la nappe pour les nettoyer.

Rituel de rappel

Tous les jours pendant les six jours suivants, faites brûler ce mélange d'encens et de plantes ainsi qu'une bougie de couleur bleu roi.

Laissez celle-ci se consumer entièrement.

Onguent

Plus encore que des bains, il est recommandé d'utiliser régulièrement l'onguent dont la composition a été donnée à la rubrique « Attirer l'argent » (voir p. 218) : son pouvoir est immense.

Les institutions judiciaires et les procès

La sphère de Jupiter-Chesed, régie par l'aspect divin de la grande miséricorde, présidera à ces opérations magiques.

Cependant, dans un premier temps, il sera bon de pratiquer les rituels exposés à la rubrique « Action saturnienne : appel de la grâce divine » (voir p. 182). On ajoutera au mélange prescrit de plantes et d'encens de la bourdaine. Les pratiques jupitériennes ne seront abordées qu'ensuite.

Rituel du feu

Cette cérémonie est la même que celle proposée pour améliorer la position sociale (voir p. 232) mais les plantes qui vont être brûlées ne seront pas les mêmes. Ce seront :

- encens de Nazareth ;
- aigremoine ;
- acacia ;
- bourdaine ;
- chèvrefeuille ;
- millepertuis ou angélique ;
- salsepareille ;
- sarriette ;
- sel.

La réussite intellectuelle

Un truisme s'impose, que nous ne pouvons éviter. Pour réussir, il faut travailler. Autrement dit, pour obtenir les diplômes convoités ou une place honorable à un concours important, il faut exercer efficacement son intellect, le préparer.

Nous étudierons donc ce type de réussite en deux temps : la préparation mentale et l'épreuve finale, examen ou concours.

La préparation mentale

Vous comprendrez bien que si vous vous contentez de faire brûler quelques plantes et une bougie et que, le reste du temps, vous vous amusiez avec vos amis sans jamais ouvrir un livre, vos opérations magiques seront vouées à l'échec... Car non seulement il faut ouvrir un et même plusieurs livres, mais vous devez faire tous les efforts dont est capable votre mental et le soumettre à une discipline stricte : c'est seulement ainsi que votre action magique aura un heureux aboutissement.

Avant d'aborder votre programme, ou dès que vous aurez décidé de travailler sérieusement, faites en ouverture ce rituel du feu.

Rituel du feu

Il faudra quarante-cinq bougies orange, une blanche et une autre de couleur or.

Rituel d'ouverture

Cette cérémonie doit être faite un mercredi, à l'heure de Mercure, en Lune montante.

Lavez-vous, revêtez des vêtements propres et dressez votre autel.

Faites une prière sincère en demandant clarté et agilité mentale, ainsi que la capacité de mémoriser vos lectures.

Allumez un charbon, posez-le dans votre encensoir et faites brûler une pincée de :

- benjoin ;
- acacia ;
- ace ou carvi ;
- amandes en poudre ;
- camphre (un petit tube de 4 mm de côté) ;
- menthe ou peuplier ;
- oranger.

Disposez les bougies selon le schéma suivant :

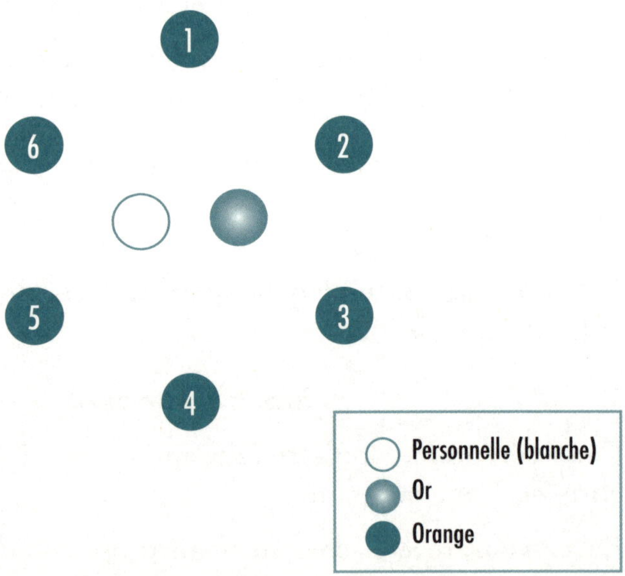

Il doit rester trente-neuf bougies orange. Mettez-les de côté.

Pendant que s'élèvent les fumigations mercuriennes, allumez les six bougies orange en suivant l'ordre indiqué sur le dessin.

Allumez la bougie blanche qui vous représente, puis la bougie dorée, attirant l'intelligence et l'inspiration.

Priez encore et restez assis devant ces chandelles allumées, visualisant une intense lumière jaune, presque blanche, qui pénètre dans votre tête. Gardez en vous cette énergie le plus longtemps possible.

Après environ quinze minutes, remerciez Dieu de son aide et laissez se consumer entièrement toutes les bougies.

Lorsqu'elles sont éteintes, ôtez l'encensoir, les bougeoirs et la nappe pour les nettoyer.

Rituel de rappel

Ce rituel dure trente-neuf jours et même plus... en fait, vous aurez à faire cette courte opération magique chaque jour, pendant toute la préparation de l'examen final.

Tous les jours donc (et peu importe l'heure, dès que vous vous installez à votre table de travail), faites brûler le mélange indiqué précédemment, ainsi qu'une bougie orange que vous laisserez entièrement se consumer.

Bains magiques

Prenez régulièrement des bains frais salés dans lesquels vous ajouterez une dizaine de gouttes de basilic et une pincée du mélange de plantes indiqué.

Boissons

Sauf avis médical opposé, absorbez chaque matin 30 gouttes de « Betula Verucosa » en teinture mère (pharmacies homéopathiques) dans un peu d'eau. Puis vers 10 heures, dans la matinée, sur un morceau de sucre ou dans une cuillerée de miel, avalez 5 gouttes d'essence de menthe et, dix minutes après, 5 gouttes d'essence de basilic.

L'épreuve finale : l'examen

Une semaine avant l'examen ou le concours, faites à nouveau le rituel du feu en ouverture (six bougies orange, une blanche, une or, disposées comme d'habitude en hexagramme) mais à la place du mélange conseillé pour la période de préparation, il faudra utiliser la composition suivante :

- encens pontifical ;
- benjoin ;
- acacia ;
- menthe ;
- fougère ;
- genévrier ;
- gui.

Vous retirerez un grand bénéfice si vous portez sur vous un sachet de coton jaune contenant ce mélange de plantes.

N'oubliez pas de le charger selon les indications données p. 157.

Le développement des facultés psychiques

Les conseils qui vont suivre ne remplacent en aucune façon les exercices de développement des facultés psychiques proposés par diverses techniques de yoga ou certaines écoles ésotériques occidentales. Ils ne dispensent surtout pas de la purification quotidienne du psychisme par des procédés de magie d'évolution, ni d'un contrôle rigoureux de la pensée et des émotions.

Dans un premier temps, il faut stabiliser le psychisme, qu'il soit aussi silencieux que possible. Son influence sera ainsi moins perceptible et il perturbera peu les messages qu'adressent régulièrement les hautes sphères cosmiques à notre mental agité.

Nous créerons ensuite une atmosphère propice à la méditation (captation des Hauts Plans) et, selon les cas, à une séance de voyance.

Le calme psychique

Il n'existe pas pour y aboutir de rituel du feu de longue durée, comme ceux que nous venons de décrire dans les pages précédentes.

Il faudra simplement, le lundi ou chaque jour à l'heure de la Lune, allumer une bougie bleu pâle et faire brûler le mélange suivant :

- myrrhe ;
- bourse à pasteur ;
- lys ;
- lotier corniculé ;
- iris.

On aura soin d'imprégner tentures et rideaux de la pièce de méditation où l'on se tiendra d'essence de lavande et d'essence de menthe.

Pendant que se consume la bougie et que s'élèvent les fumigations apaisantes, on se relaxera afin de se préparer à une vraie méditation qui sera entreprise les jours suivants.

La clarté mentale : intuition aiguë et méditation

Le dimanche, et chaque jour à l'heure du Soleil, le matin ou à la tombée de la nuit, on laissera se consumer lentement une bougie blanche ou or, pendant que s'épanouiront les vibrations solaires dégagées par le mélange que voici :

- myrrhe ;
- acacia ;
- euphraise ;
- hysope ;
- laurier ;
- lin ;
- rose rouge ;
- safran.

Les tentures et rideaux seront imprégnés d'essence de basilic et d'essence de rose.

Non loin de la bougie allumée (mais quand même pas trop près !), placer dans un petit vase ou un verre plein d'eau très froide une rose fraîche de couleur rouge. Garder cette rose le plus longtemps possible.

La voyance

Pour développer la faculté de voyance, on se reportera aux diverses techniques traditionnelles et surtout aux exercices proposés par Emmanuel Orlandi di Casamozza dans son livre *Manuel pratique de voyance : Par la boule de cristal & tous supports. Développement des facultés occultes, méthodes et rites évocatoires.*

En outre, on tirera grand profit de l'application quotidienne, sur les yeux fermés, de compresses tièdes avec le mélange suivant :

- eau distillée (vendue en pharmacie) ;
- décoction d'euphraise.

Veillez à vous procurer les plantes dans une herboristerie qualifiée.

Après une séance de voyance, purifier les lieux pour chasser les vibrations néfastes en faisant brûler le mélange suivant en même temps qu'une bougie violette :

- myrrhe ;
- absinthe ;
- camphre (un tout petit morceau) ;
- quinquina ;
- sel.

Pendant la séance, et quel que soit le support utilisé, faites brûler une bougie blanche ou or, et le mélange nécessaire pour obtenir clarté mentale et intuition (voir plus haut). Si la fumée dégagée gêne le consultant, faites brûler seulement de l'encens pontifical.

Un dernier conseil : évitez de faire plusieurs séances de voyance l'une à la suite de l'autre, pendant une journée entière, car les centres psychiques exercent, lorsque l'on travaille ainsi, une telle pression sur le cerveau qu'en réalité, après une vraie bonne séance, ce ne sera plus de la véritable voyance que vous ferez. Vous capterez seulement une mixture d'éléments provenant de votre subconscient et de celui du consultant…

À l'heure de la mort

Pendant l'agonie d'un proche que vous souhaitez aider, faites brûler une bougie violette ou bleu pâle ainsi que :

- encens de Jérusalem ;
- amarante ;
- angélique ;
- bourdaine ;
- coïx ou cyprès ;
- lavande.

Si le mourant est à l'hôpital et qu'il vous est donc impossible d'opérer près de lui, faites le rituel chez vous, devant sa photographie ou, à défaut, devant une feuille de papier sur laquelle vous aurez écrit son nom, après l'avoir au préalable valorisé pendant dix minutes sur votre décagone (le haut des lettres doit être orienté vers le nord).

Après le décès, vous pourrez continuer quelque temps ce rituel.

Conclusion

Et maintenant, bonne chance !

En guise de conclusion, que dire d'autre que vous souhaiter bonne chance, pour que celle-ci soit chaque jour présente dans votre vie !

Répétons une dernière fois que les opérations magiques que nous avons décrites relèvent de la petite magie, une magie bonne, blanche et pure, qui certes vous aidera, soyez-en certains, mais qui ne galvanisera pas les énergies cosmiques pour engendrer une transformation radicale de votre personne.

Or, dans ce changement profond, cette mutation structurelle, réside le véritable bonheur dont nous sommes tous en quête ici-bas.

C'est ce que les initiés nous ont toujours enseigné et c'est ce que, en nous fiant à eux, nous avons expérimenté sans regret.

Annexes

I

Classement des plantes par domaines d'action

A

Activité mentale : amande, carvi, menthe, muguet, noisetier, potentielle, quintefeuille, théier

Amitié : alysse, géranium, rhubarbe, santal

Angoisses : voir « Calme le psychisme »

Antidépression : valériane

Argent : bergamote, ginkgo, fenouil, mauve, muguet, patience, pissenlit, pistachier, rue, thym

Art : cannelle, cardamome, violette

Assainissement des lieux : ail, camphre, citron, etc.

Attirance sexuelle : abricotier, aneth, vanille, vétiver, violette

Attirer l'argent : voir « Argent »

Attraction : aneth, cannelle, gardénia, rose pâle

B

Banques : chèvrefeuille, chiendent, érable, jacinthe, salsepareille

C

Cadeaux : camélia

Calme le psychisme : alchémille, anis, basilic, camphre, citron, chou, ébénier, marjolaine, mélisse, nénuphar, valériane

Chance : ananas, genévrier, gui, héliotrope, hysope, laurier, lin, millepertuis, olivier, oranger, origan, pissenlit, pistachier, pommier, safran, sarriette, sauge, théier

Chance éphémère : sassafras

Clarté mentale : acacia, ache, amande, basilic, carvi, menthe, muguet, noisetier, origan, peuplier, romarin

Concurrence : ail, ajonc, caroube, coriandre, cumin

Condensateur : bambou, matricaire

Conflits relationnels : cannelle, clou de girofle, lavande, rose pâle

Corps éthérique : arbousier

Couple : aubépine, bruyère, cognassier, cyclamen, fenugrec, fraisier, framboisier, guimauve, lavande, mauve, mélisse, pensée, pervenche

Courage : ail, caroube, chicorée, coriandre, cumin

Créativité : cannelle, cardamome

Créativité artistique : cannelle, cardamome, verveine

D

Décédés : amarante, cyprès, hêtre, lavande

Désenvoûtement : absinthe, achillée, céleri, fumeterre, quinquina

Désenvoûtement amoureux : angélique, carvi, sureau

Désir : abricotier

Désir sensuel : abricotier, ancolie, aneth, damiana, orchidée, primevère, scabieuse, vanillier, violette

Destruction de larves : absinthe, ail, basilic

Détachement : angélique, acacia (et toutes les plantes solaires), mauve

E

Eau : varech vésiculeux

Élévation : chèvrefeuille

Élévation sociale : jacinthe, salsepareille

Émotions : verveine

Emploi : chèvrefeuille, érable, jacinthe, salsepareille

Enfants : bruyère, cognassier, concombre, lavande

Ennemis : chicorée, moutarde, ortie

Épreuves : coïx

Érotisme : ancolie, orchidée, primevère, vanillier, violette

Évolution spirituelle : acacia, angélique, encens, santal, rose rouge

Exorcisme : absinthe, achillée, fumeterre, quinquina

F

Facultés psychiques : bourse à pasteur, iris, jasmin, lin, lotier corniculé

Famille : cognassier, fenugrec (voir « Couple » et « Foyer »)

Force : avoine, caroube, chardon béni, chicorée, gingembre, maté, ortie, piment, pin, poivrier, vétiver

Force sexuelle : agave, aneth, ginseng

Foyer : aubépine, bruyère, cognassier, cyclamen, fraisier, framboisier, lavande, mauve, mélisse, pensée, pervenche

Fuite de l'argent : chardon béni

G

Gloire : fougère, safran

Grand pouvoir : lys

Grande protection : voir « Protection »

Guérison : acacia, angélique, arbousier, buis, camomille, cèdre, chêne, curcuma, Eucalyptus, euphraise, gardénia, gui, héliotrope, laurier, lin, millepertuis, olivier, pommier, romarin, safran, sarriette, sauge, valériane

H

Harmonie : angélique, cèdre, curcuma, eucalyptus, pommier, rose rouge, santal, souci, valériane (toutes les plantes solaires)

Haute voyance : acacia, iris, lin

Hautes facultés psychiques : basilic

I

Inspiration : acacia, armoise, buis, camomille, cèdre, eucalyptus, euphraise, gardénia, genévrier, héliotrope, laurier, lin, marguerite, millepertuis, olivier

Intellect : carvi, muguet (voir « Clarté mentale »)

J

Joie : camélia, tilleul

Justice : aigremoine, bourdaine, orme

K

Karmique : coïx, cyprès, hêtre

L

Liberté : alysse, origan

Longévité : sarriette

Lucidité : acacia, basilic, romarin

M

Maison : guimauve (voir « Couple » et « Foyer »)

Mariage : aubépine, bouleau, cognassier, pervenche (voir « Couple » et « Foyer »)

Mélancolie (contre la) : camélia, patience, tilleul

Mental : origan, peuplier (voir « Clarté mentale »)

Mourants : amarante, cyprès, hêtre, lavande

P

Paix : angélique, curcuma, eucalyptus, marjolaine, mauve, pommier, romarin, safran, santal, valériane (toutes les plantes solaires)

Paix affective : airelle, lavande, mauve, myrtille

Passions : ancolie, angélique, carvi, cyclamen, damiana, estragon, gentiane jaune, géranium, myrtille, orchidée, origan, primevère, scabieuse, souci, sureau, tomate, tulipe, violette

Procès : aigremoine, bourdaine, orme

Prospérité : voir « Argent »

Protection : absinthe, achillée, avoine, basilic, camomille, caroube, cèdre, céleri, chêne, curcuma, eucalyptus, euphraise, fumeterre, genévrier, gingembre, gui, héliotrope, laurier, lin, millepertuis, moutarde, olivier, ortie, piment, pin, poivrier, romarin, sarriette, sauge, thym

Protection contre les passions amoureuses : airelle, anémone, angélique, origan, tulipe

Protection des lieux : quinquina

Protection mentale : potentielle, quintefeuille

Protection sociale : chèvrefeuille, chiendent, érable, jacinthe, ortie, piment, pin

Psychisme : ébénier, mauve, mélisse, nénuphar

Psychisme perturbé : alchémille (voir « Calme le psychisme »)

Puissance : coriandre, cumin, gingembre, piment, pin, poivrier, vétiver

Puissance au combat : voir « Courage »

Puissance sexuelle : aneth, avocat, maté

Puissance virile : agave, aneth, vétiver

Purification : voir « Calme le psychisme » et « Karmique »

Purification du psychisme : voir « Calme le psychisme »

R

Réceptivité psychique : anis, basilic, bourse à pasteur, euphraise, iris, lavande, lin, lotier corniculé, nénuphar

Relations amoureuses : damiana, poirier, pois de senteur (voir « Attirance sexuelle » et « Désir »)

Relations humaines : airelle, alysse, bouleau, clou de girofle, géranium, jasmin, réglisse

Renommée : fougère

Respectabilité : chiendent, safran (voir « Protection sociale »)

Richesse : camélia, chêne, chiendent, érable, frêne ou manne, ginkgo, ginseng, maté, safran, salsepareille, thym (voir « Argent »)

S

Sagesse : céleri, olivier

Sainteté : encens, rose rouge, santal

Santé : arbousier, chêne, maté, thym

Sentiments divins : rose rouge

Sentiments élevés : anémone, cannelle, cardamome, gardénia, géranium, marguerite, poirier, pois de senteur, réglisse, rhubarbe, rose rouge, verveine

Sexualité : aneth, agave, avocat, maté

Sociabilité : voir « Protection sociale »

Splendeur : acacia, ananas, angélique, basilic, buis

Stabilité : sceau de Salomon

Stérilité : concombre, figuier

Système nerveux : ache, menthe, noisetier, peuplier, rue, tomate

T

Travail mental : voir « Clarté mentale »

V

Vérité : aigremoine, bourdaine, orme

Vibrations positives : germandrée, orange, sésame, sorbier

Vie affective : voir « Amitié » et « Relations humaines »

Virilité : piment, pin, poivrier

Vision claire : armoise

Vitalité : voir « Puissance sexuelle »

Vitalité sexuelle : gingembre (voir « Puissance sexuelle »)

Voyance : voir « Réceptivité psychique »

Voyance élevée : acacia, hysope

II

Les heures planétaires

Il est assez facile de trouver les heures planétaires pour la magie en ligne[1] mais voici comment les calculer, si jamais vous le souhaitiez.

Il vous suffit, chaque jour, de relever l'heure du lever du soleil et l'heure de son coucher.

Imaginons que vous avez relevé : l'heure du lever : 4 h 20 et l'heure du coucher : 19 h 24.

La durée de la lumière du jour est donc de :

19 h 24 - 04 h 20 = 15 h 04

1. Par exemple sur https://www.tempus-magis.fr/

Durée de chaque heure magique du jour :

$$19\text{ h }24 - 4\text{ h }20 = \frac{(15\text{ h} \times 60) + 4\text{ min}}{12}$$

= 75 minutes ou 1 h 15 et 20 secondes

Durée de chaque heure magique de la nuit :

La durée de la nuit est donc :

24 h 00 - 15 h 04 = 8 h 56

$$24\text{ h }00 - 15\text{ h }04 = \frac{(8\text{ h} \times 60) + 56\text{ min}}{12}$$

= 45 min

Chaque jour de la semaine débute par la planète régissant le jour :

- dimanche : Soleil ;
- lundi : Lune ;
- mardi : Mars ;
- mercredi : Mercure ;
- jeudi : Jupiter ;
- vendredi : Vénus ;
- samedi : Saturne.

L'ordre des planètes magiques est le suivant :

- Soleil ;
- Vénus ;
- Mercure ;
- Lune ;
- Saturne ;
- Jupiter ;
- Mars.

Exemple : Vous voulez faire un rituel le mercredi

La première heure magique sera Mercure, elle durera (voir exemple de durée du jour) 1 h 15, donc de 4 h 20 + 1 h 15 = 5 h 35, la deuxième la lune de 5 h 35 + 1 h 15 = 6 h 50, la troisième heure Saturne de 6 h 50 + 1 h 15 = 8 h 05, la quatrième Jupiter de 8 h 05 + 1 h 15 = 9 h 20, la cinquième Mars de 9 h 20 + 1 h 15 = 10 h 35, la sixième le Soleil de 10 h 35 + 1 h 15 = 11 h 50, la septième Vénus de 11 h 50 + 1 h 15 = 13 h 05, la huitième Mercure de 13 h 05 + 1 h 15 = 14 h 20, le neuvième la Lune de 14 h 20 + 1 h 15 = 15 h 35, la dixième Saturne de 15 h 35 + 1 h 15 = 16 h 50, la onzième Jupiter de 16 h 50 + 1 h 15 = 18 h 05 et la douzième Mars de 18 h 05 + 1 h 15 = 19 h 20.

N.B. Vous remarquerez qu'au lieu de 19 h 24, nous finissons avec 19 h 20. Ceci s'explique parce qu'à chaque segment d'heure magique, nous devons ajouter 20 secondes.

Ne vous inquiétez donc pas, cela ne changera pas grand-chose.

Pour la même journée, mais les douze heures de nuit, nous commencerons par la planète qui suit la dernière planète du jour. Dans cet exemple, c'est Mars. Donc la première, à 19 h 24, c'est le Soleil, pour une durée cette fois de 45 min. Soit 19 h 24 + 45 min = 20 h 09, deuxième heure de nuit Vénus de 20 h 09 + 45 min = 20 h 54, la troisième Mercure de 20 h 54 + 45 min = 21 h 39, la quatrième la Lune, de 21 h 39 + 45 min = 22 h 24, la cinquième Saturne de 22 h 24 + 45 min = 23 h 09, la sixième Jupiter de 23 h 09 + 45 min = 23 h 54, la septième Mars de 23 h 54 + 45 min = 0 h 39, la huitième le Soleil de 0 h 39 + 45 min = 1 h 24, la neuvième Vénus de 1 h 24 + 45 min = 2 h 09, la dixième Mercure de 2 h 09 + 45 min = 2 h 54, la onzième la Lune de 2 h 54 + 45 min = 3 h 39 et la douzième heure de nuit Saturne, de 3 h 39 à l'heure de lever du jour de jeudi (Jupiter).

III

Les 4 phases principales de la Lune

Voici les quatre phases de la Lune utilisées par les rituels de magie :

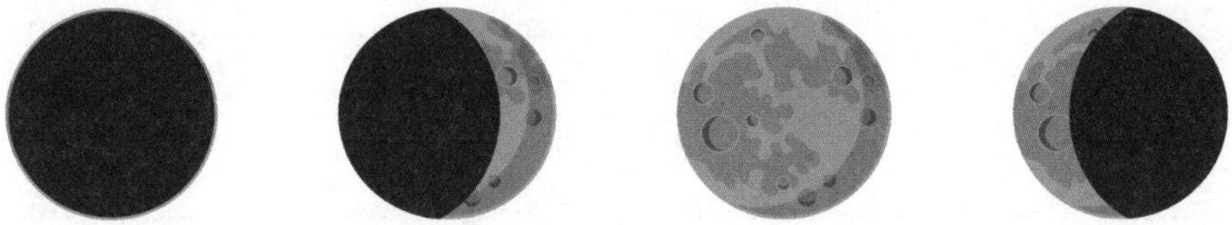

NOUVELLE LUNE — LUNE MONTANTE — PLEINE LUNE — LUNE DESCENDANTE

IV

Index des plantes et des encens

Table des matières

Certifié PEFC
Ce produit est issu de forêts gérées durablement et de sources contrôlées.
PEFC 10-31-1470
pefc-france.org

Achevé d'imprimer en octobre 2020 par SEPEC
N° d'impression : 11565200803
Dépôt légal : octobre 2020
Imprimé en France